塗魂

TO-KON

中島隆

論創社

塗魂

塗魂　もくじ

プロローグ

二〇一五年一一月。常夏のハワイ。その日は、朝の雨がうそのように、青い空が広がった。とある高校の校舎のよこに、六〇人ほどの集団がいた。白い服を着ている。道をゆくハワイの人たちは思った。

〈この連中は、何かの宗教団体の集まりだろうか〉

連中の顔を見た。白人はひとりもいない。黒人もいない。みんな東洋人のようだ。

〈この連中、これから何をしようとしているんだ?〉

連中は、それぞれ、何か持っている。ころころ転がすローラーのようだ。

何かの缶が、そこらじゅうにある。

この連中、その缶を開けはじめた。中に入っているのは……、白いペンキだ。

連中は、ころころローラーを缶の中に入れて、ペンキをつけはじめた。

そして、校舎の壁に塗りはじめた。手慣れている、なかなか上手である。

〈やるな、こいつら。ただものじゃあなさそうだ〉

おーっと、連中は、はしごを壁にたてかけて屋根に上がっていくぞ。ひょいひょいっと、身軽だ。そして、屋根にも白いペンキを塗りはじめた。

連中は、みんな真剣な顔、でも、ときおり笑顔で会話をしている。

耳をすませてみる。英語ではない。なら、どこの言葉だ？

ハワイでは、ときどき聞く言葉だ。わかったぞ。おそらく、あの国の言葉だ。

白い集団が、白いペンキを高校に塗っている。目的は何なんだ？

連中のひとりに聞いてみよう。

「キャン　ユー　スピーク　イングリッシュ？（英語を話せますか）」

「ア　リトル（少しだけ）」

片言の英語なら大丈夫なようだ。

では、続いて聞いてみよう。

「ホエア　アー　ユー　フロム？（どこから来たの？）」

プロローグ

「ジャパン」

やっぱりそうだ。この連中は、ニッポンから来たんだ。

ニッポンというと……。やはりトウキョウからだろうか。

「トウキョウ?」

連中の中には、イエスと答えたのもいる。でも、多くがノーと答えた。

ひとりは、オオサカ、と言った。聞いたことある地名だ。

ひとりは、イセハラ、と言った。ヒラツカ、というヤツ、タテヤマというヤツ……。どこなんだ、それ?

ニッポン、ニッポンといっても、いささか広うござんす、ということなのだろう。そのどこからかというと、実は、あっちこっちから集合した、ということなのだろう。

日本人はハワイが好きだ。一年中、日本人が来る。ハッピーニューイヤーのころなんか、休暇を楽しむ芸能人が押し寄せる。

この白い連中も観光に来たのだろうか。いや待てよ、観光なら、ビーチを散策するとか、ショッピングセンターを歩いているはずだ。

この連中、何をしているんだろうか。聞いてみよう。

「ホワット　アー　ユー　ドゥーイング？（何してるの？）」

ペンキを塗っている、に決まっている、見れば分かる。ところが、想定外の答えが返ってきた。

「ボランティア」

ペンキ塗りのボランティア？　何だ、それ。

連中の中に、少し英語が分かるヤツがいた。

ヤツによると、その白いペンキは、塗るとギンギラ太陽の熱をはねかえして部屋の中は暑くならない、そんな不思議なペンキなのだとか。なんでも、宇宙ロケットにもつかわれている塗料の技術を応用してつくったペンキ、なのだとか。

このペンキをつくったのは、トウキョウのイタバシとかいう場所にある、小さな会社なのだとか。そのペンキは、いまや世界から引っ張りだこなんだ、とか。

ジャスト　ア　モーメント（ちょっと待って）。ボランティアということは、ただで塗っているということだよな。

もしかしたら、連中は、ハワイに来る飛行機代、ホテル代、そして、ペンキ代など、ぜーーんぶ自腹なのだろうか？

伊達や酔狂でできることじゃない。この連中、大金持ちにはとても見えない。むしろ、汗水たらして日々を送っているだろう。

ここは、聞いてみるしかない。

「ホワット　ユア　ジョブ？（仕事は何ですか）」

彼らは、声をあわせた。

「ウィー　アー　ペインターズ！（私たちは、ペンキ屋です）」

ペンキ塗りのプロフェッショナルたちが、日本の各地からハワイに、自腹でやって来て、プロの技を惜しみなく発揮してボランティアをしている。そういうことなの？

◇

この白い連中、実は、ペンキ屋の社長たち、または、個人事業主である。つまり、一国の主、である。

ペンキ屋という職業。

それは、世の中を支える縁の下の力もち、の仕事である。

赤、青、緑、……。

建物の壁、看板は、さまざまな色のペンキで彩られている。そんな色があふれる街を歩くのは、楽しく、心がおどる。

そして、カラフルな街から感じるのは、人間の温かい気持ち、そして、希望である。

あなたは、この世界のどこかの、とある町が色を失って白と黒だけになってしまったら、と考えたことがあるだろうか。

そう問われて、思うかもしれない。

「そんなこと、ありえない」「白黒映画じゃあるまいし」。

いいえ、現実にあるんだ。みなさんも知っているはずだ。

人間の愚かさが、そうさせてしまうのだ。

人間同士の殺し合い、つまり戦争や内戦、テロが、そうさせてしまうのだ。

廃墟になってしまった街。

そこは、人間の温かい気持ちを奪い、希望を絶望に変えてしまう。憎しみを生む。そんな寒々しい色を失った白黒の世界を、あなたは映像で見たことがあるはずだ。

それだけではない。街を白黒にしてしまうことが、もうひとつある。

プロローグ

それは、あらがうことのできない自然の力だ。

たとえば、阪神大震災であり、東日本大震災である。そして、熊本大震災である。

大地震で、大津波で、火事で、街にあった建物は、がれきと化した。街から色が奪われた。

そこにもやはり、絶望があふれた。

でも……。

時が流れる。廃墟と化した街に、建物がたつ、看板がでる。

茶、ピンク、黄色……。

ペンキ屋たちが、心をこめて、一塗り一塗り。

彩られていく街。人々の心は、絶望から希望へと向かう。

ペンキ屋は、人々を希望へといざなう、すばらしい仕事なのである。

なのに、残念なことだけれど……。

日本という格差の国では、いつも下に見られている。ペンキ屋たちは、こんな風な言葉を何度も浴びせられている。

「あなた、ペンキまみれね、近寄らないでちょうだい」

「なんなの、そのダボダボファッションは。不良の集まりね、ああいやだ」

読者のみなさんは、そんな風に思ったことはないだろうか。いや、職人の世界を知らない人なら、あるはずだ。

◇

たとえば、あるペンキ屋の男の日々は、こうである。

朝から汗にまみれて仕事をしてきた。ありったけの技術で、ていねいにていねいに、ひと塗りひと塗りしてきた。

昼の休憩に入る。おしゃれなレストランの前には、ランチタイムのメニューが描かれた看板が置かれている。うまそうだなあ。

でも、おれはペンキで汚れた作業着姿。これじゃあ、店には入れないなあ。

近ごろは、立ち食いそば屋も、きれいになってしまった。そば屋も、おれを拒否しはじめたのか。行く店、ないなあ。

近くのコンビニで弁当買って、作業現場で食べる。雨の日は、車の運転席での昼飯だ。

本当は、おしゃれなレストランにも、そば屋にも、節度をもって入ればいい。きっと、店の人が入店拒否することはないはずだ。そんなこと、分かっているんだ。

でも……。

踏み切れない自分がいる。心が卑屈になっている自分がいる。

子どものころを思い出す。

大人たちは言っていた。「いい学校をでて、いい会社に就職する。それがしあわせだ」と。

自分が大人になって、思う。

世の中からみれば、ペンキ屋をしているようなヤツは落ちこぼれにしか映っていないんだろうなあ、と。

確かに、おれは、学校にもまともに行かなかった。でもいま、ビルを家を、街を、カラフルにしようと頑張っているんだ。

ことしは暖冬だった、とか言っている人がいる。冗談じゃない。凍えるほど寒いんだ。

暖冬とかいっている人は、昼間、ビルの中でぬくぬくと過ごしているのだろう。政治家さんとか官僚さん、エリート会社員さんたちだろう。

あの人たちは、おれとは別世界に住んでいる。政治家さんたちなんて、おれたちのことなど視野の外だろうな。

ペンキ塗りの仕事は、好きだ。やりがいもある、自分が塗ったものが世の中に残るんだから。

でも……。ちくしょう。やりきれねえ。

ハワイでボランティアをしていた、この白い連中。

この連中には、高校生のころ、理不尽なことをした非道な教師に暴力で反抗してしまい、学校を追われた男がいる。悪いのは、その教師だ。でも、大人っていうヤツは、世間っていうヤツは、立場の弱い者を切り捨てていく。

この連中の中には、非行に走ってしまった男がいる。でも、多かれ少なかれ、男だろうが女だろうが、ヤンキーの世界にあこがれるもの。少しだけいきすぎてしまっただけだ。計算高いエリートらに比べたら、純情なだけである。

代金の不払いをされた男がいる。ありったけの腕をふるって仕事をしたのに。

ひたすら客のために頑張ったら、迷惑なんだよ、と逆ギレされた男がいる。

おれたちペンキ屋は、社会の最下層にいるということなんだな。

社会から見下されなきゃあ、ならないいんだな。

ふつう、そう悟ってしまった人間たちは、社会への不満と反発、そればかりを抱いてしまうものである。それを爆発させずに心にとどめ、ギャンブルや酒で何とか、ごまかすものである。

◇

ところが……。

そんな連中が、二〇一五年の一一月、ハワイでボランティアをしているのである。

この連中、実は日本中で、ペンキ塗りのボランティアをしている。

東日本大震災に襲われてしまった街で、川の決壊にあった街で。廃校が決まって予算がない小学校で。障がいがある子どもたちがいる学校で。

財政が破綻してしまった北海道の夕張市で。原爆の地である広島で、長崎で……。

東に困っている人がいれば、行ってペンキを塗り、「大丈夫ですよ」と言い、西に泣いている人がいれば、行ってペンキを塗り、「負けないで」と言う。

宮沢賢治の『雨ニモ負ケズ』を、ペンキ屋たちが実行しているのである。

ハワイで塗っている白いペンキも、塗っている。

赤、黄、ピンク、緑……。さまざまな色のペンキも塗っている。

連中のボランティア活動は、もちろん現在進行形！

魂をこめてペンキ塗りのボランティアをする。だから連中は、自分たちを、こう呼ぶ。

「塗魂《トーコン》ペインターズ」

その連中たちがたどってきた半生のドラマを余すことなくつづる、それがこの本である。

そして、なぜ連中がボランティアをしているのかを解き明かす、それがこの本である。

さらに、なぜ連中が、わざわざハワイにまでボランティアに行ったのか。その答えをひもとくのが、この本である。

まずは、愛知県の春日井市、そして、東京の池袋で、ペンキ屋の社長をしている男ふたり、それぞれのドラマからはじめなければなるまい。このふたりがいなければ、塗魂ペインターズは誕生しなかったのだから。

第1章◉在日と七三と発進と

名古屋駅からＪＲの電車で北東へゴトンゴトンと二〇分ほど行くと、そこは愛知県の春日井市である。

そこに「麻布」という名のペンキの会社がある。

いつかは、ペンキ塗りの腕で東京にも名がとどろくようになってやる。ここの社長は、そんな「野望」をもっていた。

会社をつくったのは、二〇〇二年。小泉純一郎首相（当時）が北朝鮮に行った年。いまのようにネットが普及している時代ではない。電話帳の前の方にでて、お客に社名を覚えてもらうんだ。ここの社長は、そんな「野望」をもっていた。

このふたつの「野望」を果たすにはと、この社長は作戦を考えた。

社名は、東京への思いが伝わり、五十音順で一番はじめの「あ」ではじまるようにしよう。

そして、「麻布」と名をつけた。麻布は、世界各国の日本大使館がある東京の地名だ。

そんな「野望」をもっていた社長の名は、池田大平《いけだたいへい》。塗魂ペインターズを語るには、まず、池田の半生から話を進めなければならない。

◇

東京オリンピックがあった一九六四年。池田は、岐阜県の多治見市に生まれた。

父親はサラリーマン、ただし、「その筋」の夫がいた女性を略奪して、大阪から逃げてきた愛と情熱の男だった。

母になる人は、焼き肉屋につとめていた。父になる人は、その客だった。彼女は、その筋のだんなに殴られる日々。それを見かねた父が、「いっしょに逃げよう」と誘っての駆け落ち。ここまで逃げれば大丈夫だろう、と考えて落ち着いたのが多治見だった。

池田は、町内に怖い者なしのガキ大将に育った。小学五年のとき、空手の教室に入るも、すぐやめさせられた。先に入っていたヤツにやられたのが悔しくて、やり返すと、ヤツの保護者から教室に抗議の声があがったためだった。

ずば抜けて成績がよかった池田は、自分の将来に思いをはせた。

〈弁護士か医者か教師、またはプロ野球選手になりたい〉

けれど、そんな息子の希望を聞いた父は、顔をくもらせた。

「おまえは、おそらく、医者にはなれん。そして、弁護士にもなれん」

実は、父は在日韓国人だった。池田も韓国籍。当時は、日本国籍でなければ、そんな職業につくことは、なかなか難しかったのである。

そもそも、悲しいことに、日本という国には出自で人を差別する風潮が根強くある。いや、ますます陰湿になっている。ネットで飛びかう差別の言葉。ヘイトスピーチの数々……。

悲しいかな、当時もその風潮がひどかった。

差別されるたびに、池田は思っていた。

〈国籍で何が変わるんや。人間、なんにも変わらんやないか〉

しかし、池田は、弁護士と医者をあきらめるしかなかった。

在日ということで、いろいろな差別を受けた。おれ自身は何を言われようと我慢しようけれど、と思っていた。

だが、在日の女の子を差別する日本の男ども。そいつらが許せなかった。

負けを覚悟してでも、飛びかかっていった。

そもそも、自分は日本人として生きてきた。

オリンピックでどこの国の選手を応援するかといえば、一〇〇%日本の選手だ。

日本vs韓国のサッカーやバレーボールの試合。おれが応援するのは日本だ。韓国が勝ったときは、むしろ腹が立つ。

〈どうしたって、おれは日本人だ。韓国に友だちなんかおらんし、韓国に行きたいと思ったことなどない〉

そんな思いなど聞きもせず差別をする、その点では、日本という社会は最低である。

でも、池田には、まだふたつの夢が残っていた。すなわち、教師になるかプロ野球選手になるか、である。

〈よし、プロ野球選手になってやる〉

中学で野球部に入ると、すぐレギュラーに。一塁手で、打順は七番。すごい一年がいる、と地元で名がとどろく選手になった。

三年生たちといっしょにグラウンドを駆け回るのが、楽しくてしかたがなかった。池田の眼中に同級生はない。

〈同級生とつるむくらいなら、ワンコロと遊んだほうがましだ〉

ワンコロとは、犬のことである。

差別される環境が、池田を大人びた少年にしてしまったのかもしれない。

時がすぎて、三年生たちが野球部を引退してしまった。池田の心を、モーレツなさびしさが襲う。同級生たちと練習や試合をするなんて、まっぴらだ。野球部をやめた。

プロ野球選手、その夢が消えた。

でも、まだ夢は残っている。教師になる夢である。

もっとも、頭でっかちのきまじめな教師になるつもり、なんかない。遊びはじめる。つるんだのは、もちろん先輩たち。マージャンをおぼえ、無免許でバイクをころがし、たばこを吸った。これも社会勉強だ、文句があるか。

同級生に愛を感じはじめたのは、三年生になってからだった。最上級生になったので学校に先輩がいない。そして、テレビドラマ『3年B組金八先生』を見て、改心したのだ。

〈同級生っていいもんかもなあ〉

すると、野球が恋しくなってきた。地元の工業高校の野球部に入って甲子園をめざそうと思った。

〈おれの実力なら、一年間のブランクなんか何ともないぜ〉

そんなに甘いもんじゃあ、ない。入試を無事におえて入学し、野球部にチラッと顔を出す。すぐあきらめた。歴戦の強者たちが集まっていたのである。

先生への夢をいだきつつ、高校生活を楽しむことにした。酒を飲んで、四〇〇ccのバイクを転がして。ちょっとやんちゃなことを、したことはした。けれど、男ならだれでも一度は、実際にするかあこがれることなので、目くじらを立てるほどではない。

だが、池田に残された最後の夢も、あきらめざるをえない事件が起こってしまう。

日本という差別社会の中でも最低な部分が、池田を襲ってしまう。自分に権威があると錯覚しているヤツは、自分より弱い立場にいると思った人に、差別の言葉を平気でぶちかますという、卑劣きわまりない行いである。

もうすぐ一年生が終わるという冬、確かバレンタインデーだった。

授業での出来事だった。クラスの副担任の授業だった。マッチョな男だった。学校中の生徒から嫌われていたヤツだった。ねちっこくて、いやらしいヤツだった。

生徒を思う気持ちなんか、おそらく、これっぽっちもないヤツだった。教師が上、生徒は下。生徒は、教師の言うことを聞いていればいい。黙って勉強しときゃあいいんだ、そうすりゃ大学くらいには行けるぞ、というヤツだった。成績の悪いやつは歯牙にもかけない、というとんでもないヤツだった。

授業で、その教師は池田の出席番号を呼ぶ。「前に出て問題を解け」という。

池田は前には出たものの、解けない。出された宿題をしておけば分かったのだろうけど、宿題をしていなかった。だから、分からない。

教師が、調子に乗ってきた。

「おまえ、なんで分からないんだ」

ここまでなら、大騒動にはならなかった。ところが、この教師、ますます調子に乗る。そして、差別用語をつかって池田をバカにしたのである。

本当は、この用語を使いたくない。けれど、日本人の愚かさを伝えたいので、あえて、その用語をつかう。

「おまえさ、こんな問題、馬鹿でもチョンでもできるぞ」

「そうか、おまえはチョンだったな。だから、できんのか」

チョンとは、朝鮮のこと。つまり、国籍のことを使って、池田を侮辱したのである。

〈おちつけ、おちつけ、おちつけ〉

池田は、自分に言い聞かせた。ふだんなら、そこで池田の心は収まっただろう。だが、そのときの池田は、どうも虫のいどころが悪かったようだ。

教師から注がれる、ばかにしたような視線が池田を刺す。その瞬間、池田は教師に刃向かっていた。

「はあ？　何がチョンや。チョンで何が悪いんや」

池田は、級友四〇人の見ている前で、教師を引きずり回した。

級友のひとりがかけよった。「大平、やめろ。そんなこと、卒業してからいくらでもできるやないか」。

だが、もう止まらなかった。

〈何も好きこのんで、おまえのようなヤツから言われなき差別を受けとるわけやないわ〉

〈韓国籍であることは、おれの罪なんか？〉

だが、引きずり回しているうちに冷静になっていく。

〈たぶん、おれは退学だな〉

覚悟をした。だから、気の済むまで教師を引きずり回し、池田は職員室に「出頭」した。

担任の教師に告げた。

「先生、おれ、いま、副担任、引きずり回しちまった。やっぱり退学だろうな」

おどろいた担任は、「とにかく、きょうは帰れ」と言うしかなかった。

二日後、池田は父といっしょに、学校に謝りに行くことになった。その朝、ふだんは七三分けの父が、坊主頭になっていた。

タクシーに乗って、高校に行く。

ふたりで職員室に顔をだす。父親は、謝ってばかり。

ふたりで校長室に行く。校長以下、教師が何人かいた。

とつぜん、父は土下座をはじめた。

「うちの息子が、本当に申し訳ございませんでした」

「おまえも謝らんか」と父に頭をおさえられ、池田も頭を下げた。

悪いのは副担任のほうだけれど、暴力をふるってしまったことも、決して許されることではない。

校長室の外には、様子を偵察にきた級友たちが聞き耳を立てていた。

退学が正式に決まった。父とふたり、校長室を出る。玄関で靴をはく。ふたりで校庭を歩く。

校門のところで、立ち止まる。父は学校に向かって頭を下げた。

そのときである。窓がいっせいに開いた。

「大平、おまえは悪くない」「行くな、大平!」。

いやな教師をぶちのめしてくれた感謝の言葉も飛んだ。

「ありがとう、大平！」

女子生徒は泣いていた。「大平マン、ありがとう」。

二年、三年たちも、「大平！」と叫ぶ。

その言葉を背に受け、池田は胸をはって学校を去った。

父が言った。「やはり、おまえは悪くなかったな……。駅まで歩くか」。

学園物のテレビドラマのワンシーンを見ているような光景だった。

池田の心は、誇らしさ半分だった。突きつけられた現実に落ち込んでもいたから。

〈高校退学かあ。これで、学歴を失った。教師の夢も消えちまったなあ〉

すべての夢を、池田は失った。

家に帰ると、近所の仲のいいおっちゃんが、池田に声をかけてきた。

「おお、学校やめたのか」

〈おっちゃん気楽だなあ、こっちは夢を失ったんだよ〉

そう思ったら、おっちゃんが言った。

「じゃあ、うちに来いや」

おっちゃんの仕事が、ペンキ屋だった。こうして、池田は、ペンキ屋の道を歩みはじめた。

もちろん、持ち前の負けん気で、仕事を頑張った。

もっとも、地元では伝説とまでいわれる大立ち回りも演じてしまった。

ペンキの仕事をはじめた年の夏のお祭り。かつての同級生たちに誘われ、池田は、意気がって、威張って歩いていた。

すると、地元の不良たちが四人、池田を囲む。

なんじゃ、おまえら、と、バカーン、ボカーンと不良たちをたたきのめす。

それで終わったと思ったら、ヤツらがどんどんわいてくる。さすがにひとりじゃ太刀打ちできず、殴られっぱなし。そして、車に乗せられて、とある駐車場につれていかれた。

気がつくと、相手は四〇人くらい。

そのひとりが言う。「おまえ、ひとりで勝てるわけないやろ」。頭に来た池田は、言い返す。

「勝てるわ、ばかやろう」。

そして、殴り合いがはじまる。ぼこぼこにされ、池田は意識を失う。

池田が拉致されたことが、その筋の人の耳に入る。多勢に無勢、それは許せん。けんかの現場に、白いクラウンが乗りつける。

出てきた男に、連中はあいさつする。その男が、連中にどなりちらす。

「おまえら、こんな大勢でひとりをやりやがって。ばかやろう」

その男が、池田にいう。

「すまなかったな」

もし、この男が来なければ、池田は殴り殺されていたかもしれない。

池田は、このとき、その筋の男に義を感じた。

寄ってたかって人をいじめる、そういう男に、おれはぜったいならん。忠義、仁義、恩義、義理人情。おれも義に生きたいと思った。

さて、ペンキ屋で働きはじめた池田は、もって生まれた負けん気や反骨精神をフルに発揮し、メキメキと腕をあげ、業界に知られる存在になる。

七カ所からヘッドハンティングされた。年収一〇〇〇万円を超えるまでになった。

どこの職場でも、ひとつの例外もなく可愛がられた。それに報いるために、池田は身を粉にして働いた。

心がけてきたことが、いくつかある。

人に指を差されることはぜったいしない、ということだ。

そして、人を裏切らない、ということだ。ただし、こっちは、一回、しでかしてしまった。

離婚という形で。

そして三六歳のときに独立、いまの会社をつくった。

ペンキ屋の看板をあげるなら、同業よりはるかに技術が上の会社にしてやる、と心に誓った。

従業員の訓練に力をいれようと、会社の二階に訓練所をつくった。一日の仕事が終わっても、ここでの訓練を終えなければ家に帰さなかった。漫画『タイガーマスク』風に言えば、ペンキ塗りを養成する「虎の穴」、である。

池田は思っていた。

〈職人は、うまくなりたいと思いつづけなければダメだ。ある程度になったら満足してしまう、そういう残念なヤツがわんさかおる〉

〈そういうヤツらに、おれは言いたい〉

〈おまえらは、あほだ！　技術磨きは、エンドレスや、終わりなき、ことなんや。魂をこめていかなきゃならんのや〉

ここまでは、なるほど、と思う人も多かろう。いいこと言うわ、と思う人も多かろう。

〈うちに勝てるところがあるなら名乗り出てこいや〉

これも、まあ許せるか。自信があることは悪いことではないから。

ところが……。池田の心は、どんどんエスカレートしていく。

〈おれは、おれにしかできんことをする。おれは上場を果たす。おれはビッグになる。おれと会社がもうかるためなら、何でもしてやる〉

〈見ておれ、おれは金持ちになってやる。世の中を見返してやる！〉

あらら、義に生きる、はどうなったの？

自分の会社をつくった、もうだれにも差別されるもんかという気持ちの高まりからか、思いが消えてしまっていたのだ。自分のこと、そして、会社のことばかりを考えていた。

差別されたことへの反発に身をゆだねたら、こうなってしまうのも無理はない。

そんな池田が、ボランティアをする集団「塗魂ペインターズ」を組織する言い出しっぺ、になるのである。人への思いやり、愛情がめちゃくちゃ深い男に変わる。人生って、不思議なものである。

そして、ボランティアをするという池田の言葉に、はじめに答えた男がいた。その男は、池田とは正反対の半生を歩んできた、と言っていい。社会に反発する心など、ない。大学をぶなんに卒業し、七三分けの営業マンもした。自分は何のために生きているのだろう。と悩みつづけてきた内向きな男だった。

動と静。正反対のふたりだけれど引き寄せ合った、磁石のように。

◇

静の男、名は安田啓一《やすだけいいち》。東京の池袋にあるペンキ屋「安田塗装」、そこの三代目。彼が、池田とともに「塗魂ペインターズ」をつくる男である。

テレビでスポ魂アニメ『巨人の星』の放映がはじまる。そんな一九六八年に、安田は生まれた。安田の家系は、ペンキ屋だらけ。祖父の代からはじまり、父、そして親戚もペンキ屋。

けれど、安田には、ペンキ塗りの才能があったわけではない、いや、おそらくなかった。

たとえば、小学生時代。木製のギターをつくるという授業があり、家にもっていってペンキを塗ったのだけれど……。

めちゃくちゃうまく塗ったギターを学校に持っていった。できばえを教師が見る。おかしい、ぜったいに。ふだんの安田では想像つかないほど、上手だったのだ。ほかの児童の手前、教師は首をかしげるだけだったけれど、見破られていた、父に手伝ってもらったことを。

自分の部屋を、白く塗ったことがある。安田は満足していた。ところが、父は笑った。

「この部屋をお客さんが見たら、うちに仕事がこなくなるな」

ぶなんに勉強をこなす少年だった。

中学に入っても、しっかり校則を守るタイプだった。

〈つっぱるって、そりこみにパンチパーマでしょ。どこがかっこいいのか、まったく理解できないよなあ〉

テニス部に入る。数学や理科が得意科目だった。

都立高校に入学しても、とくに目立つ存在ではなかった。授業中、先生の似顔絵をかいて級友たちに回し、似てると絶賛されることがうれしかった。

法政大学の工学部建築学科に進んだ。学科を選んだ理由は、絵を描くのが好きなので、製図などをすることに興味をもったから。そして、おそらく、家業がペンキ屋という建築に近いことをしていたから、もあっただろう。

楽しいキャンパスライフがはじまる、と書きたいところだけれど……、安田は、自分は何のために生きているのか、を考えるようになった。

祖父の死、親戚の死、そして友だちの妹の死。

続けざまに、人の死を身近に感じたからだった。

〈かぎりある命を生きている間に、自分は何をしなければならないのか〉

本を読みはじめた。それまで、ほとんど本を読んだことなどない。国語が大の苦手だったから理系に進んだのだ。

たとえば、『人間失格』を読んだ。

「恥の多い生涯を送ってきました」の一節が有名な、太宰治の名作である。

人妻との心中未遂、自殺未遂、そして、廃人同然になってしまう男を描いた作品に、安田は考えこんでしまう。

〈ぼく自身は、人間を失格していないのだろうか？〉

ヘルマン・ヘッセの『車輪の下』を読んだ。

勉強に生きてきた主人公ハンスが、みずからの生き方に疑問を感じ、しまいには、なれない酒に酔って、川に落ちて死ぬ。

〈ハンスと、自分は似ている。ぼくも酒に酔って死ぬかも。いいや、そうならないようにしなくては〉

吉川英治の『宮本武蔵』を読んだ。あすの命の保証がない剣豪の人生で、人間の生き様、を考えた。自分自身を戒めた。そして、何のために生きているのか、その答えをみつけたいと、どつぼにはまっていくのである。

大学生なので、友だちと酒を飲みに行くこともあった。

でも、飲んでいても我にかえってしまう。その場の雰囲気に合わせているだけ、の自分が情けなくなる。

〈こんなことでいいのだろうか。ぼくは、何をやっているんだ？〉

父親は、息子を突き放す人だった。だから、安田は共同トイレの四畳半アパートで暮らした。

家業を継げ、と息子に言ったことがなかった。だから、「若き啓一の悩み」の日々を、もんもんと送ることになった。結局、外でワイワイ騒ぐより、部屋で図面を描いているほうが好き、という男になった。

まわりの大人たちは、日ごろ、安田にこんな風に言っていた。

「途中であきらめなければ、夢は必ずかなうぞ」

「無理だ、と自分の心の中に壁をつくってはだめなんだよ」

内向的で自分の生き方に悩んでいる男を、あたたかく励ましてくれた。

何のために生きているのか。その答えは見つからないまま、大学の単位だけは取っていった。

卒業が決まった。まだバブルは崩壊していなかった。東京六大学の建築学科卒、就職先はいくつもあった。

同級生の多くは、有名なゼネコンに就職していった。大きなビル、橋などをつくる会社だ。だが、安田は、とある住宅メーカーをえらんだ。ひとりひとりのお客さんと向かい合いたいと考えたから……。

いいや、ちがう。それは、表向きの理由だ。たくさん人がいる大きな組織は苦手だ、というのが本当の理由だった。

建築学科を卒業したのだから、ふつうは設計の担当に配属されるものだ。安田自身も、そう思っていた。

ところが、会社の辞令は、営業マン。配属は、神奈川県にある住宅展示場である。

でも、安田のやる気は、満タンになった。

〈あたらしい自分を探すんだ!〉

ところが、お世話になっていた大人たちが、いやなことを言いはじめる。

「安田くんに営業は合わないんじゃないか?」

「ほかにも就職先はある。やめておいたほうがいいよ」

夢をあきらめるな、と前向きなことばかりを言っていたじゃないか。大人とは、身勝手な存在である。

おんぼろアパート暮らしのまま、サラリーマン生活をはじめる。まずは、本社で社内研修を受ける。そして、いよいよ住宅展示場への配属である。

上司からは厳命されている。スーツワイシャツ、ぜんぶ、びしっとしろ。髪形は七三分けだぞ。それが、束縛されるのがいやな男にとっては、つらい。

さらに言葉の使い方も、徹底的にしこまれる。これがまた、つらい。

さらにさらに、おんぼろアパートで暮らしていた自分が、何千万円もするような家を売るなんて、しっくりこない。つらい。

何のために生きているのか、その答えが見つからない。つらすぎる。

でも、答えを見つけるためには、前に踏み出さなくてはならない。

〈苦手な営業を克服できたら、生きる答えが見つかるかもしれない〉

ところが、会社員生活がはじまって一カ月ほどしたとき、実家から悲しい知らせが届いた。父が頼りにしていた社員が死んだのだ。

安田は葬式に参列した。そこには、落胆している父がいた。父は息子に言った。

「おまえ、会社に入社したばかりだが、うちに来てくれないか？」

これまで、自分を突き放してきた父。継げとはいっさい言わなかった父。そんな彼からの、思いもよらない言葉だった。

〈おやじが苦しんでいる。でも、いまの自分に何ができるだろうか〉

得意なことは、ひとつもない。社会人生活をスタートさせ、苦手な営業にチャレンジしはじめたばかりだ。

安田は父に言った。「三年まってくれないか」。

安田は自分に誓った。

〈三年でトップセールスマンになってやる。そこがサラリーマン生活のゴールだ〉

そうは問屋がおろさない。一年目。まるでダメだった。ストレスがたまって、体に湿疹ができてしまう。

どうしても考えが後ろ向きになってしまうのだ。

〈理系の自分が、なぜ営業を、接客をしなくてはならないんだ〉

ノルマは年一億円。土地は別なので、住宅五棟ぶんを売らなくてはならない。

家を売るのに恐怖も感じた。仮契約で三〇万円、契約金で三〇〇万円……。そんな大金が、目の前にドカンと置かれる。責任に押しつぶされそうになった。

二年目になった。家業に戻る約束まで、あと二年しかない、時間がない、まずい。

安田は開き直った。つねに、自分自身に言い聞かせつづけることにした。

〈ぼくはできる、ぼくはできる、ぼくはできる〉

そして、トップセールスマンの階段をのぼりはじめた。

営業のコツ、があるわけではなかった。安田は、はじめから負けていたのである。ぼくなんかどうせ、どうせ、どうせ、と。

自分を鼓舞し、腹を決めて、世話になった方々の期待に応えるんだ、と使命感に燃える。もちろん、お客のしあわせも考える。

そう考えるようにすると、ことがうまく回り出したのである。

ノルマを余裕でクリア、社内表彰をされるほどになった。

そして、一九九五年、約束どおりに家業に入る。

だが、そこで見たもの、それは下請け仕事のつらさだった。そして、ペンキ屋につきまとうイメージの悪さだった。

元請け会社から、もうからない仕事を押しつけられる。

仕事がすばらしいできばえでも、手柄はすべて元請けのもの。お客さんが喜んでくれているのかどうか、下請けには分からない。なのに、ちょっとミスをすれば、元請けから、それは激しく怒られる。

ペンキ屋には、きつい、汚い、危険という3Kのイメージがあった。住宅メーカーだって、同じ建設業界。なのに、このイメージの差は何なんだ?

だぼだぼのズボン、ニッカポッカが悪いのか? 冗談じゃない。これは、作業着じゃないか?

ペンキで汚れてしまうからか。じゃあ、だれが街をカラフルに彩るんだ?

悔しいことは、さらに目にはいってくる。

「塗装工、逮捕」「塗装工、事故を起こす」。

ペンキ職人が、事故や事件を起こしてしまうと、「塗装工」という言葉がマスコミをにぎわす。会社づとめをしている人だって問題を起こしているじゃないか。なのに、なぜ「会社員」で済むんだ? ペンキ職人は「塗装工」とでるので、ますますイメージが悪くなる。

これを何とかしたい、と安田は思った。

業界を変えたい、なんて大それたことをしようなどとは思っていない。正義感があるとかないとか、いう話ではない。自分が働く場所の環境が悪いのだから、居心地よくしたい。ただ、それだけだった。

安田は、会社のホームページをたちあげた。塗装をすることの大切さ、くわしい工事内容、価格表、などを記した。

すると、下請け仕事だけではなく、たとえば新築の家を建てる人が、お客さんになってくれるようになった。お客の思いをじかに聞き、こっちも腕をふるう。喜んでくれるお客の顔を見るのが、たまらなくうれしかった。手柄はぜんぶ自分たちのもの、最高！

さらに、安田は、ペンキ屋の社長、職人など、多くの人たちと会って、話をする機会をもつようにつとめた。

業界を変えたいと真剣に取り組んでいる社長がいた。「自分、不器用ですから」と言いつつ、真っ正直に努力している親方がいた。決してぜいたくをせず、技術の鍛錬をする職人がいた。

会社員時代に見てきた「エリート」たちとは、まるでちがった。

明らかに苦労してきただろう。おそらく、うらやましいと思われる人生を歩んできてはいないだろう。でも、この人たちの、心の底からの笑顔をみると、なぜか元気がでる。

自分は何のために生きているのか。その答えを探している安田は、感じた。

〈ペンキ屋が抱える課題の解決に取りくむ、それが自分の生きている意味かもしれない〉

そう思ってはみたものの、同業者どうしの足の引っ張り合いも、目の前で起こっていた。

「あの業者の塗り方は、へたくそだ」「あそこは、安かろう悪かろうだぜ」。

なぜなんだ！　安田の心は、乱れた。ペンキ屋への愛《いと》しさと、切なさと、がっかりさと。

◇

二〇〇八年のことだった。ある大手ペンキメーカーが、塗装業者たちと連携していきたいと、全国のペンキ屋たち十数人を集めた。そのメンバーの中に、池田と安田もいた。

みんなで塗装ビジネスをしようという話だった。けれど、社長それぞれの考え方も、会社の規模も違う。おまけに金銭にからむ思惑、疑念、さらに誤解が、ごちゃごちゃに絡み合い、話は空中分解してしまった。

安田はため息をついた。

〈やっぱり、いつまでたっても、ペンキ屋の世界は足の引っ張り合いか〉

そのとき、池田に声をかけられた。

「世界に思いをはせて、社会貢献しようぜ。ボランティアをしないか？」

義に生きようという気持ちを忘れ、自分がよければいい、という男になっていた池田。でも、せっかく集まったのにすべてがおじゃんなんて、許せなかった。

〈カネもうけを考えるからダメなんや〉

そう考えた瞬間、池田は「ボランティアをしよう」と口に出していた。

池田の気持ちが、ぐぐぐっとボランティアに傾いていく。

〈人間はだれもが、何かを残して死にたいと考えるもんだ〉

〈ペンキ屋にしかできないことを残して、死にたいもんだ〉

〈おれは、自分のこと、自分の会社が良ければそれでいい、と考えてきた。でも、おれは、カネ、カネ、カネ、というガリガリ亡者ではない〉

〈よし、おれは、ボランティアする〉

ボランティアしないか、と池田に言われ、安田は思った。

〈ペンキの世界に、こんなことを言う社長がいたなんて……、よし、乗った〉

「やりましょう。ぼくたちで社会貢献をしましょう」

翌二〇〇九年、塗魂ペインターズが結成された。会長は安田、事務局長が池田。メンバー一二人からのスタートだった。

「下心」いっぱいのスタートだった。

それは、世間がいだくペンキ屋のイメージを変えることだった。

世間のみなさん。ペンキ職人は不良あがりが多くて近寄りがたいと、お思いになっていらっしゃるでしょう。確かに、「エリート」は、いません。ろくに勉強をしていない人間ばかりかもしれません。

でも、考えてみてください。病気になった身体を治すのは、だれですか？　お医者さんですよね。だったら、汚くなった建物をきれいに治すのは、だれですか？

それは、私たちペンキ屋です。私たちは心優しく、社会貢献活動だってするんです。

そんな風に世間に訴えて、イメージを変える。そんな「下心」があったのである。

でも、そんな「下心」うんぬんを言っている場合ではなかった。

塗魂ペインターズ結成から半年後、神奈川県の伊勢原市にある幼稚園で、はじめてのボランティアをしたのだけれど……。

参加メンバーが少なすぎた。しかも、愛知、大阪、四国などからも来てくれている。純粋にボランティア。

会長の安田は、疑心暗鬼になった。

〈交通費をかけて、わざわざ集まってくる価値があるのか〉

なので、家族といっしょに塗るなど、楽しむ要素を入れていった。

けれど、安田の心は、晴れない。

池田の心にも、「これって何になるんや」というもやもやしたものがあった。

二〇一一年三月一一日。東日本大震災が起きた。安田にとっても、池田にとっても、衝撃的だった。

色があったであろう街が、灰色の大津波に飲み込まれていく。あとは、がれきの山々。まるで、ゴジラが上陸して破壊していった廃墟、のよう。白黒の世界が広がっている。

ペンキ屋には、元ヤンキー、元暴走族なんてヤツがいる。それはそれで、仲間のことを大切にしている。

けれど、おれたちがいましなくてはならないことは、仲間のことじゃない。

日本中の人のために、ボランティアに行くことじゃないか！

泣いている人、困っている人がいる街に行って、白黒の世界をカラフルにすることじゃないか！

世間は、ペンキ屋連中に何ができる、と言うかもしれない。言いたいヤツは、言っておけ。

おれたちは、日本という格差社会の一番下にいる、ありんこだ。

世間は、ありんこが大ぼら吹いている、と思うかもしれない。

見てろよ、ぜったい、ほらでないことを証明してやるからな。

そんな思いでボランティアを重ねていった。

二〇一二年三月、埼玉県の上尾市の特別支援学校でのボランティア。ここで、メンバーたちのモチベーションは、さらに上がる。

障がいがある子どもたちにもペンキを塗ってもらった。おそらく、この子たちはペンキを塗ったことはなかっただろう。

強面のお父さんが、自分の娘がペンキ塗りをしているのを見ている。すると、お父さんの顔が、くずれる。「できたじゃないか、すごいぞ」。

このお父さん、きっと娘にありったけの心配と愛情を注いで育ててきたであろう。いろいろな苦労があっただろう、心配ごとがあっただろう。

そんなお父さんが、泣いて喜んでいるのである。

さらに、社会のありんこたちに、親ごさんたちは心から感謝してくれた。

塗魂ペインターズのメンバーたちは、ペンキの力を信じた。

おれたちで、日本中をしあわせにしようぜ！

ペンキ屋のイメージを変えたい、という下心が消えた。

見返りを求めない愛、無償の愛でいこうぜ！

たとえ、自己満足といわれようと、それでいいよな。なあ、きょうだいたち！

池田は言う。

「おれたちペンキ屋は、どうせ世の中の最下層にいるんだ、と思いがちでした。でも、おれたちはバカでした。仕事をしているときの気持ちで職業の尊さって決まるんですよね」

「ひと塗り、ひと塗りは、ちっぽけなことです。でも、おれたち、心の中は無限大でいきます」

安田も言う。

「塗装業界の地位向上とか、企業の社会的責任とか、それは根本的な目的ではないんです。すべての銭勘定、損得勘定から自由になった社会貢献にしたいのです」

株式を上場しているような大企業も、社会貢献をしている。しかし、そこには、確実に銭勘定がある。会社のイメージをあげる広告宣伝の延長になっている側面がある。

そういう社会貢献は、長続きしない。はじめは話題になっても、だんだん尻すぼみ、ということになるものだ。

何のために生きるのか、と答えを探していた安田。その答えを、塗魂ペインターズに見いだした。

「自分も他人もともに幸福にする。わが命の完全燃焼、それが、塗魂ペインターズの社会貢献です」

二〇一四年一〇月一〇日、ボランティア活動が三六カ所、メンバーが北海道から九州まで一〇〇社になったことを受け、塗魂ペインターズの「本結成」を、安田が会長として宣言した。

安田と池田を中心にペインターズをはじめて五年がたっていた。ふつうなら、とっくに結成宣言をしているところだ。

何をいまさら本結成なのか？ それは、ペインターズの活動に本気だから、である。

さあやろう、と勢いで集まって、何かをはじめたとする。しかし、そのときの熱は、すぐに冷めてしまうものだ。すると、活動は一気にしぼむ。そして、集まりは休眠状態になり、解散ということになる。

多くの団体が、そんな経緯をたどって消えてきた。

安田は、ペインターズを、そんな団体の二の舞にしたくなかったのである。

組織が苦手な男が、堂々とした会長ぶり、を発揮しはじめた。ペンキ業界に共感が広がる。メンバーはどんどん増え、二〇一六年春の段階で一三〇社にまで増えた。ボランティアも七〇回を数えた。

◇

塗魂ペインターズには、いくつかの決まりがある。

「人」に愛され、「地元」に愛され、「地域」に愛される。そんなペンキ屋の集団になることを目指すための掟である。

（1）いかなる理由においても、塗魂の活動において、一円たりとも金品を得てはならない！

（2）いかなる理由においても、派閥を作ってはならない！

（3）いかなる理由においても、会員同士の金銭の貸し借りをしてはならない！

また、安田が、つねにメンバーに呼びかけていることがある。それは、稼げる会社になることだ。お互いに切磋琢磨し、情報や技術を交換して、それぞれが強い会社になろう、ということだ。「稼げなくては、ボランティアができませんから」と安田。

なので、「会員目標」もつくった。塗魂ペインターズに入ってから五年以内の、一五の目標である。

(1) 一年でも永く「塗装業」をいとなみ、地域の信用をえること
(2)「塗装職人」の育成向上を手がけること
(3)「社屋」を持ち、願わくば展示室（ショールームのこと）をもうけること
(4)「ホームページ」を所有すること
(5) 顧客満足度一〇〇%を目標とすること
(6)「知事」の建築許可をとること
(7) 労働災害補償保険に加入すること
(8) 社会保険に加入すること
(9) 環境に配慮した塗料を率先して使用すること

(10)国家資格「1級塗装技能士」を取得すること
(11)「建築施工管理技士」を取得すること
(12)「色彩検定」の有資格者になること
(13)会社を「法人化」し、納税義務をまっとうすること
(14)建築塗装技術を高め、磨くこと

そして最後、一五番目の目標は、

(15)建築の知識を高め、世にひろめてゆくこと

業界の集まりは、えてして、飲み会で終わってしまう。それは、ぜったい避けなければならない。結局、ありんこはありんこ、と思われたら、元の木阿弥なのだから。

塗魂ペインターズには、歌もある。

♪乱れる世の　黎明《れいめい》の刻《とき》

母なる大地　動かなん
地から湧出《いで》て　峰《いただき》を目指す
昇り征《ゆ》け　我ら塗魂ペインターズ

♪我ら進む　王道凱歌《おうどうがいか》
茨《いばら》の道を　凜々《りり》しくも
君の為に　人間《ひと》として生きる
共々《ともども》に！　我ら塗魂ペインターズ

♪日出《い》づる国の　褪《あせ》る愁《うれ》いは
色鮮やかに　塗り還《かえ》す
人間《ひと》の中で　人間《ひと》として生きる
永遠に！　我ら塗魂ペインターズ
嗚呼《ああ》！　塗魂ペインターズ

テーマ曲「塗魂の歌」。マーチ調のメロディーで、作詞者は池田である。

◇

次の章からは、メンバーたちのドラマをお送りする。そして、一癖も二癖もある連中が、なぜ塗魂ペインターズに引き寄せられているのかを見ていく。ところどころに、安田と池田が顔を出す――。

第2章◉自殺未遂と交通事故

大阪証券取引所や大阪市役所が近くにある淀屋橋駅。そこから京阪電車で二〇分ほどいくと、寝屋川市である。

そこには、成田山不動尊がある。交通安全の祈願などで有名なお寺だ。

そのすぐ目の前に、「成田塗装」というペンキの会社がある。社長の大倉達也《おおくらたつや》。かれは、塗魂ペインターズのメンバー、関西の中心人物である。

二階の事務所に行くと、びっくり。「動物の王国」とまではいかないけれど、猫や犬がたくさんいる。さらにびっくりなのは、ふくろうまでいるのだ。

子どものころから家で鶏や山羊、ひよこなどを飼っていた。だから、動物好きになった。捨て猫を見ると、かわいそうに思って飼ってしまう。大倉は、そんな心優しい男である。

そして、大倉は、メンバーになってからというものの、北海道から九州まで、全国であるボランティアに、ほぼ皆勤で参加している男だ。もちろん、ハワイであったボランティアにも参加した。

なぜ、彼は、そこまで塗魂ペインターズに入れこむのだろうか。

それは、ある「大事件」がきっかけだった。といっても世の中にとっての「大事件」ではない。大倉という個人にとっての「大事件」である。少し間違えば死んでいたかもしれない。

まず、その「大事件」にいたるまでの、大倉の歩んできた道をたどっておこう。

一九七七年。王貞治がホームランの世界新記録を打ち立てた年に、大倉は生まれた。生まれた場所は、新潟県のど真ん中、小千谷市。信濃川が流れる、美しい山河の地だ。父は消防士だった。

祖母と庭にあるホオズキや草花の水彩画を描き、その絵に押すはんこを消しゴムでつくらされて育った。身体が弱かったので、三歳で水泳をはじめた。

小学生のとき、大阪へ。新潟の田舎少年は、小学校の校門の前で腰を抜かした。あまりの児童の多さと、コンクリート造りの校舎にびっくりし、泣きじゃくって校門をくぐれなかった。

学校に通えるようにはなった。でも、「あほか」「あかん」「なんぼ?」などと教室で日々とびかう関西弁に戸惑う。でも、子どもは順応も早い。クラスの生徒たちはノリもツッコミもばつぐんで愉快、たくさん友だちができた。

水泳を続けていた。小学校のときには、ジュニアオリンピックに出場するまでに。中学のときも水泳部に入る。一日一万メートルは泳ぐ日々。家に帰ったら、飯食って、ばたんきゅー。受験勉強しなくても入れそうな近所の高校に入学する。

高校でも水泳をする。そして、柔道を習った。空手をしていた父と、あまり仲がよくなかった。「このおっさんに負けてられん、でも、同じ武道はいやや」ということで柔道にした。黒帯をとった。

高校のとき、ペンキ屋のバイトをしたことがあった。だぶだぶの作業ズボン、ニッカポッカにあこがれ、はいてバイクを乗り回した。

ただ、仕事で使うシンナーが、身体にあわなかった。高校を卒業してハローワークで見つけたのは、家具屋の仕事だった。

家具をつくりたかったのだけれど、あてがわれた仕事は、家具の仕上げに塗料やニスなどを塗ることだった。

つとめて一年ほどたったときだった。

ベテランの職人が、いやなヤツだった。ねちねちと新米、つまり大倉をいびる。

その職人から言われた。もう死んでしまえ、と。さらに、ねちねちといびりつづける。

次の瞬間だ。

バーン。

にぶい音が響いた。かーっときた大倉が、そのへんにあった道具で職人の足をぶったたいたのである。

うずくまり、足をかかえる職人。足の骨は、折れていた。

社長は、「おまえは悪くない」と言ってくれた。でも、家族がいる職人をしばらく仕事ができない身体にしてしまった事実は、重い。

大倉は、家具屋を去った。

することがないので、家でボケーッとしていた。高校時代の先輩から電話があって、仕事を手伝ってくれといわれた。それが、ペンキ屋での仕事だった。

いろいろな色を塗るのが、楽しかった。先輩がやめてしまい、いつのまにか自分が番頭のような責任者になった。

ところが、社長が給料未払いのまま、夜逃げしてしまった。

さらに悪いことに、ペンキなどの材料代の未払いがあった。

さらにさらに、とある会社から仕事を頼まれて作業をしたにもかかわらず、代金未払いのまま倒産してしまう。仕事をくれた社長が自殺してしまったこともあった。

これは、もう、独立するしかない。小学生のときに買ってもらっていたワープロを引っ張りだし、チラシをつくって配った。そして、仕事をもらった。百数十万円の仕事だった。仕事をおえたら、そこが倒産してしまった。

すっからかんになった。父がいった。「授業料だと思わんと、しゃあないな」。

知人がつとめていた工務店から仕事をもらうなどして、何とか軌道にのせた。そして、二〇〇五年に、会社組織にした。

おしゃれなリフォームの仕事をしたくて、お客さんのリフォーム相談会に顔を出していた。ペンキのメーカーに、相談会ではっていたポスターを送ってもらった。

ポスターが三種類ほど、丸められて送られてきた。その一番外側に、なんたらペインターズ、のポスターがあった。

塗魂ペインターズ？　塗装でボランティアする？　何、それ？

家に帰って、ネットでみたら、メンバーの面々がでていた。

みると、大阪にはボランティアをする人がいなかった。なんでおらんのかな。おらんのやったら、おれがしてもええかな。

とはいえ、だれかがやるやろ、と思っていた。

そうして、半年がたった。ネットで塗魂ペインターズ、あれ、大阪はまだいないようだ。

どうしようかなあ。でも、会員目標などをみると、おれ、まだこういうところに入る資格はないし、余裕もないしなあ。

大倉はツイッターをしていた。すると、坊主のような絵のへんてこなキャラクターが、大倉のツイッターをフォローしていた。さらに、そのキャラで、カフェラテがどうの、これがおいしい、あれがおいしいだの、どうでもいいことをつぶやている。

〈何だ、こいつ？〉

見ていったら、こいつが塗魂ペインターズのことを書いている。

〈あれ、どっかで聞いたことがある名やな？〉

検索を続けると、いろいろ書いてある。どこどこでボランティアしています、などと。

そうか、じゃあ、試しに連絡してみよ。ぽちっとな。

三日くらいたっただろうか、その坊主キャラから返信がきた。

「塗魂ペインターズの件で、お問い合わせ、ありがとうございます」

おいおい。大倉は、拍子抜けした。

〈いつもは、ちゃらいことを言うとるのに、なんやねん。やたらていねいやないか〉

そのキャラ男が、さらに続けた。

「ご興味がありましたら事務局に話をしていますので、いちどファクスを送ってみませんか」

すっかり大阪人になっている大倉である。

ある。

〈そんなら、乗りでいったろ〉

ファクスすると、すぐに電話がかかってきた。電話の主は、第1章で紹介した、池田大平である。

「こんにちはー」

〈なんや、こいつ。えらい明るくて、元気のいいおっちゃんやなあ〉

大倉のなかで、ペンキ屋のおっちゃんは暗いヤツ、と相場が決まっていた。拍子抜けしている大倉に、有無を言わさず、池田がいう。

「こんど、行きます。とにかく、一度おめにかかりましょう」

ちなみに、ツイッターの坊主キャラ、その正体も、すでにこの本に登場している人物である。

そのとき、大倉は思った。〈やばい！〉。

実はこのころは、大倉にとって、しんどい時期だった。

家族といっしょに楽しく暮らそうと、家を建てたばかりだった。夏休みに入って、妻と息子たちが青森の実家に帰省することになった。父といっしょに、大阪は伊丹空港まで送る。そのとき、父は、がんになっていた。孫たちを愛おしそうに見送る父の姿を見ると、涙が出そうになった。

ところが、その日を境に、大倉が連絡をとろうとしても、妻の携帯はいつも留守電。向こうの実家に電話しても留守電。しかも、うんともすんとも電話が返ってこない。

しばらくして、弁護士から電話があった。「奥さんが離婚したいと言っています」。

〈なんでやねん？〉

実は、塗魂ペインターズの会長である安田啓一、そして、事務局長の池田には、「妻と子どもたちがいる」と言っていた。なのに、安田たちが来るという。だから、大倉は、「やばい」と思ったのだ。

ここで、大倉は、テレビドラマの見過ぎだと思う行動にでる。

取引がある材料屋の女性事務員に頼んだのだ。

「お願いがある、おれの嫁の役、してくれへんか？」

「頼む、午前中だけや、会社、休んでくれ」

玄関には、子どもの靴を出しておく。そして、学校に行っている、ということにすれば、何とかなるやろう。

安田や池田が来る。あいさつして、二時間ほどで、帰っていった。

初対面の人に、かみさんが出ていった、とはいえなかった。うそをついて、しあわせなふりをしたのである。

何とかなって、ほっとした。

二〇一一年秋、大倉は塗魂ペインターズの一員となった。

とはいえ、いつまでもうそはつけない。名古屋にペインターズの面々が集まったときに、安田や池田に告白した。

「実は、あんとき嫁さんと紹介したのは、ちがうんです」

「そうなんだあ。気がつかなかった」

「家族とは連絡とれんし、嫁さんの弁護士からは、離婚のことを言われるし、おやじはがんでやばいし。仕事もせないかんし。もう参ってるんですわ」

池田がいった。

「なあ、きょうだい。おれたちには、うそつかんでもいいんだぞ」

大倉は、冗談じゃない、と思った。

〈そこまでの個人の事情、あんたらによう言い切らんわ!〉

父の病状はどんどん悪くなっていった。さらに、先方の弁護士からは、ああでもない、こうでもない、と言ってくる。死期を感じた父が、新潟に帰ってみたい、という。

クリスマスの翌二六日。大倉が運転し、父と母を乗せて新潟へ。そして、大阪に戻った。

年があけてしばらくして、父は逝った。結局、子どもたちと会わせることはできなかった。

そして、離婚訴訟は泥沼に。仕事は忙しく、ペインターズの面々から教わったことを、いろいろ経営に活かしては、いた。でも、つらかった。

〈弱音をはいたらいかん、はいたらいかん……〉

自分に言い聞かせる。でも、口から出るのは、弱音しかなかった。

「おれは、なんでこんなに不幸なんや」「もういやや」。

弱音をはいているときにかぎって、仕事の電話がかかってくる。

「うるさーい」

塗魂ペインターズのメンバーたちのフェイスブックをみる。きょうはここを塗りました、など楽しそうに報告している。それを読むと、心にぐさっとくる。

〈みんなは楽しそうやけど、おれはもうダメや〉

そして……。

二〇一二年四月。大倉は、風邪薬の錠剤を、いっきに大量に飲みほした。

どっくんどっくん。脈がどんどん強くなっていくのが分かる。

〈この動悸の強さなら、手首を切って出血させたら死ねる〉

台所から包丁をもってきて、ベッドによこたわる。そうして、右手首を切る。でも、思いきりがないせいか、すぐ血が止まる。また、切る。血が出る、止まる。

死ぬことに悩んでいる自分、を感じた。どうしたらいいんやろか。

〈そうや、ストーブをつけて体温を上げたら死ねるんちゃうか〉

ストーブをつけた。すると、いつもは自分のことなど見向きもしない飼い猫が、自分の方にきた。そして、大倉の左の手首をなめている。

この猫との出会いを思い出していた。

ある作業現場で、みゃあみゃあ鳴いて寄ってくるので抱き上げたら、顔にゴミがついていた。ゴミをとると、片目がなかった。これは捨てておけんと、連れて帰ったのだ。

〈そうか、おまえは、おれを飼い主と認めてくれていたんやなあ……〉

みるみる手首が真っ赤になる。足がつめたくなっていく。動けなくなっている自分を感じる。

そして、気を失った。

気がついたら、病院のベッドだった。母親がいた。

包丁だったから死ねなかったらしい。カッターでずばっとやっていたら死んでいただろう。

〈あーあ、おれは死ぬこともできんのやなあ〉

それが三四歳のときである。

手首を縫って、半日ほどで退院。次の日から、社長という現実に直面する。あれして、これして、と電話がかかってくる。

「現場のカーテンをつけてくれ」との電話が舞い込んだ。職人たちは出払っていた。なので、母といっしょにつけに行った。大倉は、まだふらふらしているので、母がつけてくれた。母は何も言わず、作業をしてくれた。

その後ろ姿をみて、大倉は、はじめて後悔した。

〈何しとるんや、あほか、おれは〉

とりあえず、塗魂ペインターズに連絡をした。

「すいません、入会したてですが退会させてください」

実は、安田や池田は、大倉が自殺未遂をしていたことを知っていた。大倉の様子がおかしいと感づき、大倉の母と連絡をとりあっていたのである。

大倉は現実の仕事をこなすのが、やっと。家に帰ったら、ふらふらの状態である。

そんなあるとき、池田から電話があった。

「きょうだい、元気か？」

「元気ですよ」

もちろん、本当は元気なわけがない。から元気である。池田が続けた。

「たまたま大阪に行く用事がある、ついでに寄るから、待っててな」

そして二時間ほどたった。ピンポーン。二階の事務所から下を見る。

そこに、池田が立っていた。目を細めて、笑顔いっぱいに。

〈えっ？　この人、本当に来ちゃったよ〉

池田を二階の事務所に通す。

「なあ、きょうだい。新しく塗魂のメンバーになりたいというヤツに会いに行くんだ。つきあってくれないか」

「いいですけど……」

本音は、こうだ。

〈ふらふらでしんどいんだ、迷惑や〉

池田が運転する車の助手席にのって、兵庫県の尼崎にまでいく。そして、塗魂ペインターズ入会希望者といっしょに食事もする。

大阪への帰りの車。池田が運転しながら言う。

「なあ、きょうだい、何があったんや?」

このとき大倉は、池田がすべてを知っていることを悟った。

事務所に戻った。「ちょっと上がっていいか」と池田。

事務所で話をしていると、池田が言った。

「なあ、きょうだい、何かあったら、おれのところに電話しろ、毎日でもいいから」

さらに、池田が続ける。

「なあ、きょうだい。おれとひとつだけ、たったひとつだけでいいから、約束してくれんか。あとは、おれとどんな約束をしても守らんでいい。たったひとつだけや、それならできるやろ?」

大倉は、「ええ、まあ」という生返事。

池田の表情は真剣そのものである。

「分かりました、守ります。それで、約束って何ですか?」

池田が続けた。

「それはな、おれより一日でもいいから長生きしてくれということや」

大倉は思った。

〈おれは、ひとりぼっちだと思っていた。でも、それは違ったんだ〉

大倉は、声をあげて泣いた。池田の膝の上で泣きくれた。男の膝の上で泣いたのは、はじめてだった。

池田が帰り、大倉は考えた。

〈おれは、塗魂ペインターズのために何ができるだろう〉

子どものときからのことを思い出した。水泳は、絶対的に早いやつがいたので、勝たれへんかった。柔道も中途半端、勉強も中途半端やった。

〈そうや、ひとつだけ一番になれることがあるかもしれん〉

大倉は誓った。ボランティアに行く回数で一番になろうと。可能なかぎり、いや、無理してでも行くんや。

ボランティアは、たいてい土日やから何とかなるやろ。そのかわり、平日は、仕事をめいっぱいせないかん。

〈おれ、一度死にかけた。そんな人生やから、もう、塗魂ペインターズに捧げよう。仕事をばりばりして、交通費かせいで、ボランティアいくぞ〉

それからというもの、大倉は、北海道だろうが九州だろうが、たいてい行っている。一回いくと、交通費などで一〇万円くらいかかる。だから、稼ぐ。

ボランティア会場に行く。「たつや」「たっちゃん」「きょうだい」。そう呼ばれて、癒される自分を感じる。

〈おれは、日本で一番ついていない男やと思っていた。おれは、恵まれている、そんじょそこらのペンキ屋より恵まれているぞ〉

父の死、家族との離別、そして自殺未遂。でも、それも何か、自分が生きていくうえでの意味があるのだろう。だから、いま、塗魂ペインターズのメンバーと笑いあい、ボランティアをする喜びをかみしめている。

〈きっと、すべてが、つながっていたのかもしれん。おれが生まれたときから、そういう宿命にあったのかもしれん〉

経営でも、悩んでいた。雇った従業員が、きわめて適当。女性に、ヒューヒューと声をかけるわ、ごみをドバーッと捨てるわ、お客さんのいうことを無視して作業をするわ、気分次第で出社しなくなるわ。辞めていったものもいる。

でも、それは、大倉自身が、そうさせていたのかもしれない。社長が悩んでいたら、従業員だってダメになる。ダメダメ社長がトップにいたら、似たものが集まってくる。

大倉は、塗魂ペインターズに出会う前、ペンキ屋なんて仕事を終えたらビールをかっくらってうさを晴らすだけの「人種」だ、と思っていた。

でも、間違っていた。世のため、人のため、ペンキ屋にだってできることがあるんだ。塗魂ペインターズのメンバーたちをみて、心の底から思うようになった。

年商で五〇万円にも満たなかったどん底があった。塗魂ペインターズに入るころは、年商一八〇〇万円ほど。ペインターズに入ると、すぐに三六〇〇万円。そして、一億円をこえた。もちろん、すばらしい従業員が集まってきたおかげである。

だが、大倉は、ひとつだけ踏み切れなかったことがあった。それは、自殺未遂でついてしまった手首の傷を、人に見せることだった。大倉にとって負の遺産、これだけは隠しておきたかった。

ところが……。

ある塗魂ペインターズの会議だった。会議では、まじめに、今後の計画を話し合うとともに、どうしたらいい会社になることができるかなどを勉強する。

会議を終えると、懇親会になだれこむのだけれど、その席で、池田が立ち上がった。

「たつや、立て！」

大倉が、前にでる。池田が続ける。

「たつや、時計、はずせ」

大倉は、えーっと思った。池田が、にっこり笑う。

「たつや、もう痛くないやろ」

大倉が時計をはずす。池田が、大倉の左手をにぎる。

「みんな、このばかやろうの傷、見てくれ！」

大倉は、まわりを見渡す。みんな笑顔、笑顔、笑顔。

すべてを吹っ切った瞬間だった。

〈もう、何があっても、おれは負けへんぞ〉

大倉は、こうして関西地区の中心になる。そして、全国のボランティアにほぼ皆勤している。

ところで、大倉を塗魂ペインターズにいざなったツイッターのキャラ男。その正体は誰かというと……。

ペインターズの会長、安田である。

◇

関西のメンバーの中心が大倉なら、北海道の中心は、藤田哲也《ふじたてつや》だ。札幌市の中心から地下鉄で十数分いったところの駅近くにある「藤田塗装工業」の二代目社長である。

雪の札幌は、外で仕事ができないことがある。真冬、藤田のところの社員が、大倉のところで働くなど、ふたりには交流がある。

大倉はペンキ屋をはじめてから「大事件」を起こしてしまった。それが、ペインターズへの情熱につながった。

藤田は、少年のころ、「大事故」を起こしてしまった。そのことで、ペンキ屋の跡取り、という宿命を受け入れることになる。

アメリカのジョン・F・ケネディ大統領が暗殺された一九六三年に、藤田は生まれた。

小学生のころ、アイスホッケーのスポーツ少年団に入った。一九七二年、札幌で冬のオリンピックがある。開会式のとき、どこの国のかは忘れてしまったけれど、国旗をもって滑った経験がある。

少年団のチームは、「月寒ストロンガー」。チーム名の通り、いまは強いチームになっているが、藤田がいたころは、めちゃくちゃ弱かった。二〇点差など、ラグビーの試合のように負けることもあった。

アイスホッケーは中学二年でやめた。結局、藤田には一度も勝った記憶がない。バレーボール部に入ったけれど、長続きせず。ディスコにはまった。ペンキ屋を継ぐ、という意識はまったくない。

高校に入ってからは、女性をナンパする日々だった。

とりあえず進学したほうがいいんじゃないか、ということになって、短大を受験する。面接の日、学校に喫煙室があったので、そこで一服していると、学校の人から注意された。

その人が面接官だった。冷や汗たらー。でも、無事に入学する。

経営を学ぶことにする。とりあえず、父がペンキ屋をしていたので、というだけ。あとを継ぐ気持ちなど、これっぽっちもなかった。

けれど、運命の日が訪れるのである。

ある日、友だちが運転する車の助手席にのり、女子高生をふたりナンパして、山道をドライブしていた。

いろいろ話しながら、楽しくドライブしていた。

車がセンターラインを越えて、右車線の方に寄っていく。スピードは一〇〇km／hくらいは出ていたであろう。運転席の友だちの顔を見た。

その瞬間、ものすごい衝撃を受けた。と思ったら、車が崖の斜面をすべっていく。ガードレールを突き破ったのだ。

車は一回転したのだと思う。そして、池に落ちる。

呼吸をすると、水が身体に入ってくるのに、ぜんぜん苦しくない。これは夢なのだろうか。子どもの笑い声のようなものが聞こえた。聞こえる方へ行こうと思った。

そのとき、祖父の声が聞こえた。「哲也、哲也」と名前を呼ぶのだ。祖父の声がする方に行った。

その瞬間、気がついた。水の中にいた。横をみたら、車がひっくり返って沈んでいく。

まずは、自力で水から出て、ゆるやかな崖の斜面をのぼっていく。右腕が、何かへんだった。見ると、右腕の肉が、ほとんど持っていかれていて、骨が丸見えの状態だった。

目がぐるぐる回る。何とか道路まで上がる。道行く車を止めようと声をかけた。車の通行量が、そこそこあったので、みんな止まってくれた。藤田は崩れ落ち、気を失った。

あとから聞いたことだけれど、止まってくれた人たちが、下に降りていって、車を池から出そうとした。池はそんなに深くなかったので、何とかなるか？　けれど、車の中に水が入ってしまって、どうしようもない。

そのとき、たまたまクレーン車が通った。クレーンで引きあげてくれた。車の中にいた三人も、助けだされた。

それにしても、なぜ、藤田はあのとき、あんな夢を見たのだろう。もし、子どもの声のする方に行ったら、死んでいたのかもしれない。

実は、その年の三月二八日、藤田の誕生日に祖父は死んでいた。葬儀に参列したとき、数珠が切れた。祖父が守ってくれたのだろうか。

それからしばらくは、大変な日々だった。

藤田はなぜか、女子高生のブレザーをきていた。ブレザーの中には、二万円ほど入っている財布があった。さらに、コンドームも。警察から、ねちねちと事情を聞かれた。

さらに、運転していた友だちの親が、運転していたのは藤田じゃないか、と言い出し、裁判になった。長く意識がなかった友だちが意識を取り戻した。それは良かったのだけれど、事故の記憶がまったくない状態だった。

現場にかけつけた警察官、女子高生が、運転席には友だちがいたと証言してくれた。どうにか、刑事や民事は、クリアできた。

問題は、藤田の心と身体である。

右腕が効かなくなってしまった。医師は、治る見込みはないので早く切断してしまいなさい、と勧めた。動く見込みがない重いものをぶらさげておくのは、肩の負担になるし、いいことないぞ、と。

藤田は、精神的にまいってしまった。こんな風になるなんて思ってもいなかった。

生きていても仕方がないんじゃないか、と考えてしまう自分がいた。

支えてくれたのは、つきあっていた彼女、そして見舞いにきてくれた友だちたちだった。短大も配慮をしてくれた。

藤田は、自分の身に起こったことを受け入れて生きていくことにした。利き腕だった右が、もう使えない。左手で書く練習をするため、小学生といっしょにペン習字の教室に通った。着替えの練習なども、けんめいにした。

でも、感覚がないはずなのに、寝返りで右手が下になると、痛くて目がさめた。右手にけがをする夢もみた。

短大を卒業してからの就職先として思いつくところ、それは父のペンキ屋しかなかった。藤田がペンキ屋を継ぐ決心をしたのは、「大事故」がきっかけだったのだ。

父の会社に入った藤田に、何ができるか？

ペンキを塗ったこと、ない。自動車免許は、事故の一年前にスピードの出し過ぎで、一発取り消しを食らっていた。

だから、自転車で飛び込み営業をするくらいしかなかった。

一日一〇〇件ほど、一般の家などを回る。まともに話を聞いてくれるのは五～六件あればいいほう。でも、自分にできることはそれしかない。悔しかったのは、ペンキのことを、なーんにも知らなかったことだった。せっかく話を聞いてもらっても、ろくに説明ができないのだ。「すいません、会社に戻って聞いてきます」。恥ずかしいやら、悔しいやら。

営業をはじめて一カ月あまりたったときだった。はじめて仕事がとれた。藤田も現場に出て、左手だけでできる作業をした。

心強かったのは、知り合いのペンキ屋で、右手がない職人がいたことだった。自分にもできるはずだ。

知識と技術を学んでいった。事実上、三八歳で父のあとを継ぐ。

藤田は、会社を変えようと思った。

職人の出入りが多いのを、まず変えようと。たとえば、子どもの運動会があるのなら、そっちを優先しろ、と。家族がたくさんいる職人には賃金を多めにだす、と。みんな家族の一員だ、と考えた。

そして、こう宣言した。

「自分は右腕がだめなので、きちんとした作業はできないと思う。ただ、仕事をとってくる。みんなは思う存分、腕を発揮してほしい」

自分の家を塗装する以上の気持ちで、お客に喜んでもらえる仕事をしようよ。

そんな藤田の気持ちが、職人たちに伝わっていく。時間はかかったけれど、自分の右腕になってくれる職人たちが集まってくれた。職人は一年中やとっているのが七人、春から秋までの季節雇用が五人。自分の理想とする仕事ができるようになった。

そして、いよいよ、藤田も塗魂ペインターズに引き寄せられていくことになる。

そもそも、藤田は、あの「大事故」をきっかけに、人に感謝する人生を送ってきた。

あのとき、助けてくれなかったら、自分は死んでいたかもしれない。いまも罪の意識、そして後悔がある。もし、あれが死亡事故になっていたら、その罪の意識は、さらに自分に重くのしかかったはずだ。

すべては、あのとき助けてくれた人たちのおかげである。

何かの形で恩返しをしたい、と思ってきた。ボランティアなんかできたら最高だ、と思ってきた。

でも、ボランティアといったって、自分に何ができるだろう、と無力さを思ってもいた。

藤田は、フェイスブックをしていた。ペンキのことで情報交換をしたかったのだ。

やりとりしているうちに、池田大平とつながった。

池田に、ちょっと変わったボランティア団体があるんだけど話をきいてみないか、と言われた。もちろん、塗魂ペインターズのことである。

しばらくのちの冬、札幌で、あるペンキメーカーの新商品発表会があった。それに、池田たち塗魂ペインターズの中枢メンバーが来てくれることになった。ペインターズについて説明をしてもらう機会をもらえるという。

冬の北海道は、雪や吹雪で、飛行機が飛ばないことがある。なので、一日早く、池田と、池田の妻だけやってきた。彼女については、この本のエピローグに登場してもらう。

居酒屋で、池田が言った。

「だまされたと思って入ってみませんか、あにき、悪いようにはしません」

はじめて会った、愛知からやってきた大男、池田。それまでも、やりとりはしていたので入会することは決めていた。でも、池田のスケールのでかさに驚いた。

〈全国に、池田のようなすごいペンキ屋たちがいるということか?〉

〈この男たちを信じてみよう、ボランティアをやってみよう〉

けれど、内心、不安もあった。

池田が言うには、一年に一回は、全国のメンバーが集まる会議に出てほしい、とのこと。

〈飛行機代をだしてまでいく価値があるのだろうか〉

疑問は消えなかった。翌日、安田たちも合流した。話を聞いた。

みんなに男気があった。自分の会社の売り上げがどうのこうの、とか全く関係なかった。きょうだい、きょうだい、と呼び合う。それもまた、ありかなと思った。メンバーはみんな平等だという。

「北海道にはメンバーがまだいない、入りませんか?」

そう言われて藤田は入会した。二〇一三年二月、極寒の季節である。

北海道のメンバー開拓につとめた。でも、大変だ。だって、ちょーー広いから。

塗魂ペインターズが北海道で初のボランティアをするとすれば、その場所は、あそこしかなかった。

日本ではじめて財政破綻した自治体である。

公共サービスがとどこおり、市長以下、職員みんなが、安い給料で、必死に働いているところである。

旧炭鉱の街、夕張市。

二〇一四年九月。そのころの北海道のメンバーは、札幌にある藤田の会社と、「ニシムラ塗装」（苫小牧）、「塗工房」（旭川）の三社だけだった。

〈三社で、本当にできるのだろうか〉

池田に相談すると、ボランティアの場所の下見に、池田がかけつけてくれた。

その夜、懇親会。北海道のメンバーは、池田の前で、ひとつになることができた。固い絆ができた。

「おれたち、やるぞ！」

藤田たちがお膳立てし、夕張市の施設にペンキを塗ることになった。使うペンキはプロローグでふれたハワイのボランティアでつかったペンキと同じ。塗れば、断熱効果も保温効果もあるペンキである。

冬は寒くても、暖房ができない。夏は暑くても冷房ができない。お金がないので、エアコンが使えないから。そんな夕張市のために、特殊なペンキをボランティアで塗る、のである。

藤田たち北海道のメンバーは、あらかじめ、ボランティアをほとんどやり終えていた。本州から向こうのメンバーたちはどこまで本気なのだろうか、と少し心配だったのだ。

新千歳空港に、全国から集まってきた。一〇〇人はいるだろうか。その中に、もちろん、大阪の大倉もいた。

藤田は鳥肌が立った。〈みんな、本当にアホだ〉。

さらに、夕張は困っているのだからと、毎年一回、必ず夕張でボランティアをする、ことが決まった。

二〇一五年九月。夕張での二回目のボランティアがあった。北海道のメンバーも増えた。地名でいえば、釧路、室蘭などが増え、計七社になった。

ボランティアを終えて、市内のホテルで懇親会。

藤田たち北海道の面々は、余興を考えた。

♪あーあー、ああああああー

さだまさしの名曲をバックに、藤田、ドラマ『北の国から』で田中邦衛が演じた五郎の出で立ちで登場。

北海道のメンバー、「大町塗装工業」（美唄）の大田一成は、あのドラマを見て北海道にあこがれ、広島から家族で引っ越してきた男だった。

だから、『北の国から』のマネをして、全国から集まってきた面々をもてなすことにしたのである。

塗魂ペインターズに入る前、藤田は、自分の代でペンキ屋をたたむことも考えていた。自分は、あの「大事故」で右腕を失ったからペンキ屋を継ぐしかなかった。でも、息子には、自分の道を進んでもらいたいと考えたから。

だがいま、ペンキの世界に入って良かった、と胸を張って言える。

さらに、息子が、いちど小樽で就職したのだけれど、おやじの仕事をしたい、と戻ってきた。息子のことを、みんなが、ジュニア、ジュニアと可愛がってくれている。

メンバーたちに、カネの計算はない。打算もない。でっかいやつらばかりだ。

だから、藤田は誓う。

〈よし、おれも、でっかい男になる!〉

そして、息子に会社をしっかり引き継ぐ。

◇

藤田は、都合がつかずハワイでのボランティアには行けなかった。

メンバーになってからほぼ皆勤賞を続けている大倉は、ハワイにも行った。

「おれたち日本のペンキ屋が、海をわたったんだ!」

ハワイで、言葉にできない感動を覚えた。ハワイでのボランティアが終わると、くたくたになった。みんなでステーキを食べに行ったのだけれど、食べながら寝てしまった。

第3章◉元暴走族と難病の女

神奈川県で一番人口が多い都市は、横浜市である。

次に多いのは、川崎市だ。

では、第三の都市はどこだ？

それは相模原市である。川をへだてれば、東京の町田市という場所にある。

そんな都市にあるペンキの会社、「一友《いちゆう》ビルドテック」。社員は八人ほど。ベテラン職人がちょこっと、多くが若い。

「お客さまの家は、自分の家だと心の底から思いこむ。そして、お客さまと同じ気持ちになる」

それに徹することで、地域の人たちの信頼を勝ちとってきた会社である。

ここの社長、金塚浩一《かねづかこういち》は、堂々とした体格に丸刈り、やさしい笑顔の持ち主だ。そして、強い気持ちで、会社をまとめあげている。

妻の佳寿江《かずえ》は総務担当。というより、会社の女将さんのような存在だ。おしゃれな別嬪《べっぴん》女性である。

夫は元暴走族。一六歳年下の妻は元軽トラ運転手で、ある事情を抱えてしまって……。

塗魂ペインターズを語るには、この年の差夫婦の「決断」の物語も欠かせない。

◇

高見山が大相撲ではじめての外国人関取になる。そんな一九六七年に、浩一は生まれた。父は鉄工所をいとなみ、母は専業主婦だった。

幼稚園のころから暴れん坊で通った。けんか、けんか、けんか。しょっちゅう血だらけになった。

けれど、泣いて家には帰らなかった。いや、それを許されなかったのである。父から、こう厳命されていたものだから。

「いいか、けんかに勝つまで帰ってくるな」

小学校に入った。浩一は体格がいい。というか、はっきりいって、デブだった。

デブ、デブ、百貫デブ。

おちょくられ、の対象になった。子どもの世界は、いつも酷《むご》い。特に、見た目でからかわれることは、日常茶飯事である。

ただし、浩一は、言われて引き下がる少年ではない。暴れん坊である。実戦で磨いてきた拳の威力はすごく、反撃にでていた。

小学二年のとき、校庭で一〇人に囲まれた。けんかを吹っかけてきたのは、こいつらの方である。

一〇人が相手では、いくらなんでも勝ち目がない。だから、浩一は防戦しながら逃げようとしていた。

その様子を見てしまった誰かが、先生に「けんかをしてます」と告げに行ったのだろう。

学校で一番おっかない男の教師が、血相をかえて走ってきた。「やめろ、おまえらー」。

ホッとした。こいつらを止めてくれる、と。

だが、教師の行動は想定外だった。教師は、いきなり、浩一の顔を殴り飛ばしたのである。

鼻血がでてきた。

浩一は悔しくて、泣きながら抗議した。

「先生、なぜだよ。悪いのはあいつらだ」

教師は、無言のまま、全員を砂場につれていった。そして、口をひらいた。

「金塚、おまえのことを殴って悪かったな。こいつらにも同じことをするから、見ていろ」

バン、バン、バン……。

ひとりずつ殴る姿を見て、浩一は知った。けんかは両成敗である、ということを。そして、信じられる教師に出会った、と思った。信じられる大人っているんだ、と思った。

けれど、一番信じたかった大人に裏切られてしまうことになる。

三年生の春、とある日のことだった。

その日の朝、浩一が目覚めると、父が、ゴミを入れるビニール袋に、自分の洋服をつめていた。

「おやじ、どこ行くの？」

「ちょっと出張だ」

浩一は、おやじ出ていくんだ、と悟った。両親に口げんかが絶えなかったから。

女をつくった父は、家を出ていったのである。なのに、母は、離婚に応じなかった。さらに、母は、夫からの養育費に頼り、働かなかった。これも妻の意地、なのだろう。子どもだった浩一も、そこまでは理解できた。

けれど、理解もそこまでが限界だった。オンボロ借家暮らしを強いられているのに、母はいつも浩一に「お父さんに感謝しなさい」と言うのだ。

女をつくって出て行った男に感謝しなさい？　それってなんだよ？

裏切った父、理解不能な母。そして、おっかない父が去ったことで手に入れた、自由。

もちろん、複雑な家庭環境にあっても、まっとうな生き方をする人もいる。

けれど、浩一は小学五年生になったころから、ぐれだした。

たばこを吸った。中学生にケンカを吹っかけては、負かしていった。

中学に入る。まともに学校に行ったのは、一年生のときだけ。二年になると、ほとんど学校に行かなくなった。

パンチパーマをかけて、バイクに乗って、学校に行っていない連中とつるんだ。

そして、名の知れわたった暴走族に入った。

ジーパンに、赤いジャンパー。夜は、ナナハン吹かして。警察に追われ、何度もつかまった。

ただし、道路交通法違反で終わるくらいの自制心はあった。母には迷惑をかけられない、その分別はあった。

昼は、友だちん家でシンナー吸って、らりった。暴走族同士のけんかで頭を何かで殴られ、死ぬかと思った経験もした。族仲間には、死んじまったヤツがいる。

中学には行ってないけれど、卒業した。学校としてはやっかいな存在なので中学から放校された、と言ったほうが正しいだろう。

浩一は家出をして、町工場で働きはじめた。

そして、一七歳で定時制の高校に入った。これまで何も勉強してこなかったけど、ちょっとは勉強しようかな。自分の成長を考えはじめたのである。

ところが……、その思いは、すぐに、文字どおり拳によって打ち砕かれた。

定時制に通いはじめて一年。学校の校門のところで、その事件は起きた。

バイクで通っていた浩一と、同じくバイクで通っていた男とが、ささいなことでケンカになった。

ヤツはボクシングをしていた。ヤツの右ストレートが、浩一のあごの骨を折った。

血が、どっばー。浩一はノックダウン、もとい、気を失った。

警察沙汰になってしまった。浩一にとっては不本意なことだったけれど、大騒ぎになってしまったので、どうしようもない。ヤツは傷害の疑いで警察につかまった。浩一は病院送りになった。

しばらくのちに、ヤツは入院中の浩一に謝りに来た。

でも、浩一は、逆に、申し訳ない、と思った。

〈ケンカは両成敗じゃないか。なぜ、こいつはつかまって、おれはいいんだ？〉

心の中で、「申し訳なかった」とあやまった。

浩一も退学処分になった。勉強への思いは跡形もなく消えた。

ちなみに二年後、ヤツとばったり会った。「あのときは、申し訳ないことをした」。謝ることができたので、浩一にありつづけた「けんか両成敗」の心残りは、少し晴れた。

さて、警察沙汰になってしまったので、つとめていた町工場も辞めざるをえなくなってしまった。

どこで働くか。あては……、あそこしかなかった。自分を裏切った大人のところ。

父がいとなむ鉄工所である。

父に反発する心は、強烈にあった。でも、厳しかった父を懐かしむ思いもあったのかもしれない。

父は、よろこんだ。そのころの父は、はぶりがよかった。鉄工所をするかたわら、飲み屋も経営していて、どっちも大もうけしていた。いつも父の財布は、一万円札でパンパンにふくれあがっていた。高級車を毎年のように買い替えていた。

ところが、ほどなくして、すべてがパーになる。

鉄工所が火事で全焼してしまうのだ。父は火災保険に入っていなかった。すべてが、灰になってしまった。

男と女、その方程式は、ときどき予想もしない答えを出す。なんと、父は母のところに戻り、夫婦はいっしょに暮らすことになる。

さて、ふたたび働き場をうしなった浩一は、次に、ある部品工場で職を見つけた。来る日も来る日も、朝から夜まで、工場で部品をつくった。でも、充実感を味わえなかった。ひとつの原因は、「ものづくり大国」といわれてきた日本が直面する大問題、が原因だった。

産業の空洞化！

聞いたこともあるだろうが、念のためおさらいをしておこう。

世界の大企業とグローバル競争とかいうのをしている大きなメーカーたちは、部品の調達にできるだけカネをかけたくない。なので、日本の町工場ではなく、人件費が安い外国でつくらせて調達するようになる。

日本のものづくりを支えるど真ん中の町工場、そこへの仕事にポッカリと穴があいてしまう。だから、このことを「産業の空洞化」という。

町工場の仕事は、朝から晩まで工場にいて、部品をつくること。だから、浩一は、工場にいなくてはいけない。産業の空洞化で仕事が減っていっても、いなくてはいけない。どんなに我慢しても、給料はちっともよくならない。

やめっちまおうかな。

そう考えていたとき、つまらなそうにしていた浩一を見た知人が、「だったらペンキ屋で働いてみないか」と声をかけてきた。渡りに船だった。

そこは、年商三〇〇〇万円くらいの会社だった。恩義を感じた浩一は、仕事をとろうと営業をしまくった。元暴走族は、義に生きるのである。義理堅いのである。

職を転々としてきた自分に、浩一は課した。ここに腰を落ちつけて、自分を成長させるということを。さまざまな元請けから下請け仕事をとり、三年かけて年商一億円にもっていった。ぐれて、けんかして、警察沙汰を起こして、というマイナスばかりだったのに、ここでおおいにプラスの生き方に足を踏み入れることができたのだ。

はじめて充実感を味わった。

ところが、である。会社の売り上げが上がったものだから、社長が、こう言いはじめた。

「おれは、自分の家をたてる」

浩一は、思った。

〈それくらいの収入はあるんだろうから、それはそれでいいさ〉

でも、ひとつだけ言いたいことがあった。おれたち社員のことにも気を配ってくれるんでしょうね、と。

その思いを社長にぶつけた。そしたら、社長は言った。

「生意気だ。おまえなんかいらねえ。クビだ！」

そうクビを宣告されたのは、夕方四時ごろのこと。とつぜん、大雨がふってきた。

もちろん、浩一の心の中も土砂降りである。悲しくて土砂降り、ではない。

浩一は恩義を感じていた。その社長に、ではない。仕事をくれた元請け業者のみなさんに、である。みなさん、浩一を信用してくれた。その恩に報わなくては、男がすたる。なのに、クビになったのでその恩が返せなくなった。無念だから、心の中が土砂降りになった。

浩一は元請けをまわった。そして頭を下げた。

「おれ、クビになりました。あしたから現場に入れません。申し訳ありません」

五件目の元請けにあいさつに行った。そこの社長に、コーヒー飲みに誘われた。もしかしたら、うちに就職しないか、と誘われるのか？　ラッキー！

少し期待しつつ、コーヒーを、ひとくち。社長が口を開いた。

「金塚くん、きみは自分でする気はないのかい？」

個人事業としてか、会社をつくるか、とにかく自分が主となって仕事をする気はないのか、というのである。

そのころの浩一は、安月給に甘んじるしかなかった。家賃の安い団地に住んでいて、妻と子どもふたりをかかえていた。貯金は四〇万円。これでは、ペンキなどの材料を買えない。

「いいえ、考えたこともありません」

「そうか、まあ頑張れ」

それで、別れた。これからどうしようか、その答えはみつからなかった。

夜は、ふける。でも、夜は、必ず明ける。

次の日、きのうコーヒーを飲んで別れた社長から電話がかかってきた。

「ちょっと、うちに来い」

浩一が行くと、その社長が言うのである。

「金塚くん、きみをクビにした社長が、うちに来た。おれは、あいつに言っておいた。『おれは金塚くんに仕事を頼んできた、あんたに頼む気はない。だから、金輪際、あんたんとこに仕事は出さない』ってな」

さらに、社長が続けた。

「おれが材料を買ってやる。だから、金塚くん、おれの現場をやれ」

その現場は、とある駅前だった。深夜の仕事だった。社長はトラックを貸してくれたし、ペンキなど全部の面倒をみてくれた。

深夜一二時。浩一は、仕事をはじめた。

〈社長の期待に応えなくては、恩義に報いなくては〉

ひとりぼっちの作業。すぐ横を、家路を急ぐ人たちが通り過ぎていく。

一時間ほどたったころ、すぐ近くの交差点に、だれかが立っていることに気がついた。ペンキなどの面倒をみてくれた社長だった。浩一に近づいてきた。

「しっかりやっているようだな。きょうはもういい。飲みに行こう」

近くの居酒屋で、酒をくみかわす。社長はいう。

「少しずつでいいから、やってみろ。きみは技術をもっている」

浩一は決心した。

〈ここで自立しなきゃあ、男じゃねえや〉

一九九七年。三〇歳のとき、金塚浩一は独立した。まずは個人事業主として。自分の名にある「一」と、多くの友人たちに支えられてきたという思いの「友」、それをあわせ、屋号を

「一友工業」にした。のちに、株式会社にして、現在の「一友ビルドテック」に進化することになる。

さて、自分でペンキ屋をする覚悟を決めた浩一。でも、貯金通帳にあるのは四〇万円だけ。カネを借りるしかない。でも、銀行が貸してくれるわけがない。カードを四枚つくれば、一枚あたり五〇万円、あわせて二〇〇万円が工面できる。

夫婦の会議がはじまる。

「借りるぞ、いいな」

予想どおり、妻は反対だった。

「カードローンなんて、利子が高いだけでしょ?」

「仕方がないだろ、銀行は貸してくれないんだ」

夫婦の間に、くさびが入った。実際にカードローンで二〇〇万円を手に入れた。夫婦げんかの日々となる。

さらに、中学一年だった娘がぐれてしまった。浩一は、娘がそうなるなんて想像もしていなかった。

自分は暴走族に入るなど、ぐれてしまった。でも、妻はふつうの女だ。

浩一は、自分がぐれていたころの写真を娘に見せたくなくて隠していた。だが、見つけられてしまった。

娘の前で妻とけんかしている自分は、まるで、むかし、自分の目の前でけんかしていた父と母のようだ。

娘はぐれてしまったけれど、浩一には自分の経験があるので、「たいしたことない、娘はおれが守る」と楽観していた。だが、妻はちがった。精神的にまいってしまう。

そして、およそ一年後、離婚。

しばらく、ふたりの子どもたちは浩一と暮らした。だが、おかあさんと暮らしてみようかな、といわれる。「おまえたちの自由だ」。浩一は、ひとり暮らしになった。

◇

浩一のペンキ屋のある神奈川の相模原市。そのすぐとなりは、東京の町田市。

その町田市に、佳寿江は育った。

縦笛が大好きな少女だった。学校から家まで歩いて五分くらいだった。下校のときは、校門からリコーダーを吹いて帰ってくる。だから、母にいわれた。「あんたが帰ってくるのは、すぐ分かる」。

ピアノもしたし、合唱もした。

バレーボールチームにも入った。友だちが、「ねえ、いっしょにやろうよ」と誘うものだから。

水泳もした。ぜんそくもちだった弟が水泳をはじめたので、私もしたい、と母に頼んだのだ。個人メドレーができるまで上達した。海で、おぼれかけていた五歳くらいの男の子を助けたこともある。

中学では吹奏楽部に入った。本当は、トロンボーンをしたかった。でも、いっしょに入った友だちに誘われた。「ねえねえ、いっしょにトランペットしようよ」。断れなかった。

鼓笛隊にも入る。トランペットを吹きながら、横浜の山下公園を行進した。音楽の道に進みたい、という夢をもった。

勉強は嫌いだった。というより、「教師」と名のつく権威者たちが嫌いだった。しょっちゅう、教師に反抗した。

そして、煮え切らない生徒たちも嫌いだった。ある日の生徒会の会議で、うじうじと話している連中にたいして、「いいかげんにしろ」と怒鳴ってしまった。

怖い女、というイメージが校内に広がった。

なので、高校ではおとなしくしていようと決意した。

もちろん吹奏楽部に入る。佳寿江が入った学校は、吹奏楽の甲子園、普門館の常連校だった。出場にあこがれた。

けれど、教師のスパルタには、ついていけない。練習がつらい、のではない。偉そうな教師が気に入らないのである。

〈教師ってやつは、自分の権威をふりかざしやがる。だから嫌いなんだ〉

二年生の夏、吹奏楽部をやめた。髪を茶色に染め、ルーズソックス、耳にピアス。ミニスカート。ただし、自転車通学をしていたので、パンツが見えない程度の短さ。

雨の日は、自主休校。自転車つかえねえし、たるいし。

吹奏をしていたときは、おっかない教師の目があった。でも、部活はやめたんだから、こっちのものだ。よく、学校にいる友だちから電話がかかってきた。

「あんた何してんの？」

「きょうは雨だからお休みだよ」

堂々としたものだ。さらに。家にあったスクーターに乗っての通学をはじめる。ということは、もちろん、雨の日は、お休みだよ。

音楽の道に進みたい、と本気で思ったことがあった。でも、吹奏楽を、やめてしまった。スクーター通学で顔に感じる風が、気持ちよかった。スピードが快感だった。

将来の夢が、変わった。

私は、トラックの運転手になる！

一〇トントラックに乗って全国を走りたかった。デコレーションをちりばめたトラック、いわゆるデコトラに乗る女トラック野郎になりたかった。

高校三年で運転免許をとり、卒業した。

もちろん、はじめから女トラック野郎になれるはずもない。まずは軽トラで、個人配送からだ。女トラック野郎の道も、一歩からはじまることを信じよう。

オートマチックは厳禁。オートマなんて、だっせえ。女トラック野郎は、マニュアルだぜ。金属部品、鉄の板、パーマ液……。いろいろ運んだ。

体力には自信があった。高校のときの握力検査は、右も左も三〇kgを超えた。ふつうの少女より一〇kgほど強かった。肺活量も、ばつぐんだった。体力的には自衛隊にも入れると太鼓判をおされるほどだった。

ところが……。思ってもみなかった病魔が、佳寿江の身に襲いかかる。

配送の仕事をはじめて半年ほどたったたときのことである。

その日は、朝から調子が悪かった。熱っぽい。風邪かなと思って、薬を飲んでから仕事に出かけた。

帰宅したころには、高熱になっていた。次の日は仕事を休み、一日中、寝ていた。次の日も熱は下がらない。

配送をしてなんぼ、の仕事だった。一日でも仕事を休むと大損だ。だから、三日目、仕事に出た。

左手で配達伝票をもって歩く。そのとき、伝票が手からするりと落ちる。左手に感覚がない。やばい。さらに、左足の感覚もなくなった。やばい。

軽トラに乗り込む。とにかく運転しよう。ギアを入れよう。力が入らない。やばい、どころじゃない、もう無理だ。

あとの仕事のフォローをお願いして、病院に行く。即入院。検査すると、血小板の数が異常に少なかった。

膠原病、だった。全身の血管や皮膚、筋肉、関節などに炎症がみられる病気だ。免疫に異常がでることがあるので、抵抗力が落ちる。若い女性に多い病である。

ステロイドを飲んで、二カ月で退院にはこぎつけた。でも、軽トラの仕事は、やめるしかなかった。

紫外線にあたってはダメ。だから、外出するときは日傘をささなきゃダメ。帽子をかぶらなきゃダメ。サングラスをしなきゃダメ。長袖に長ズボンでなきゃダメ。たとえ真夏の暑い季節でも、そうしなければダメ。

人混みはダメ。温泉はダメ。プールはダメ。

ダメ、ダメ、ダメ、ダメづくし。若い女性に、これはつらい。

すべては、ステロイドで病と闘っていたので免疫力が下がっていたからだ。

さらに、薬の影響で顔はパンパン、いわゆるムーンフェイスになっていた。

でも、佳寿江はめげなかった。そこが、強い。さすが、女トラック野郎を目指していた人、である。

とにかく、することがないのがつらかった。

〈暇だ、脳みそがとけそうだ〉

高校時代の友だちたちが、夜、外に遊びにつれていってくれたのが、せめてもの心のなぐさめだった。

しだいに、薬の量が減っていった。何か仕事がしたい、という気持ちがわいてきた。

母がいとなんでいた美容室で、レジのところにすわって、「何番にどうぞ」というだけの手伝いをさせてもらった。何もしないよりは、ましである。

体力の回復とともに仕事の範囲がひろがる。シャンプー、白髪染め、など、など。

でも、美容師になりたいわけではないので、やめてしまった。

女トラック野郎の夢が捨てられなかった。運送屋の事務のバイトをみつけた。これも、半年でやめてしまう。

そして、四年ものあいだ、家出をした。そして、家に戻った。川の流れに身をまかせ、あっちに漂い、こっちに漂う。そのころの佳寿江は、まるで根無し草のようだった。

家に戻っても、することがない、バイト先を探そうと思った。ただ、体力が回復してきたといっても、まだ完全ではない。

〈一日五〜六時間勤務で、いいところないかなあ〉

親戚のおばさんが実家に遊びに来ていた。相談すると、おばさんが言った。

「金塚くんのところに聞いといてあげるよ」

金塚くんって、誰だっけ?

◇

金塚浩一と佳寿江のふたりがはじめて出会った、というか、ニアミスしたのは、ある結婚式の披露宴会場だった。浩一が二〇歳、佳寿江はまだ小学生にもなっていなかったころだった。浩一は新郎の友だちだった、佳寿江は、新婦の姪《めい》だった。

その披露宴の余興で、浩一は歌をうたうことになっていた。なので、ギターを持ってきた。そしたら、式場の人が、浩一をテーブルではないところへ連れていった。売れない芸能人、みたいに思われたのかもしれない。

「いや、おれ、披露宴に呼ばれた客なんですけど」。名前を言った。でも、席がない。あわてて席をつくってもらったけれど、浩一にとってはバタバタな披露宴だった。

そして、佳寿江。食事をしていた手で目をこすったことが原因だったのだろう、目がはれてしまった。たまらず、披露宴の途中で帰るはめになってしまった。

それぞれにとって、さんざんな披露宴だった。きっと、どこかですれちがったはず。同じ会場にいて、同じ空気をすっていたことだけは確かである。

それから二十数年がたった。

貯金四〇万円からペンキ屋をはじめ、会社を発展させてきた浩一。ただし、離婚し、子どもたちにも去られた。

女トラック野郎を夢見たものの、難病にかかってしまった佳寿江。どうにかこうにか、体力が回復、バイト先を探していた。

浩一は、ときどき、あの結婚披露宴での新婦、つまり、佳寿江のおばさんと飲みに行っていた。佳寿江に、「金塚くんに聞いといてあげる」と言ってくれていた、あの女性である。

とある晩だった。浩一に彼女がいった。「これから姪が飲みに来るって」。

浩一は、へぇー、としか思わなかった。

佳寿江が登場。浩一は、驚いた。車いすで登場したものだから。

実は、そのころ佳寿江は、突発性の大腿骨頭壊死症《だいたいこっとうえししょう》という難病にかかっていた。

大腿骨の頭の部分への血流が妨げられることで、骨が壊死していく病である。ステロイド剤の服用が引き起こすケースもある、とされている。膠原病と闘ってきたことが引き起こしたこと、なのかもしれない。

佳寿江は足が痛くてたまらなかった。だから、歩く姿は、ちょこちょこと、まるでペンギンのようだった。恥ずかしいので、車いすを使っていたのだ。

びっくりした浩一は、声をかけた。

「そんなに具合が悪いのに、飲みに来る場合じゃないだろ?」

ところが、浩一のところで働けないか、というのだ。

気の毒だなあ、とは思った。でも、事務員は足りている。

「働かせてあげたいのはヤマヤマだけど。人は足りているんだ。ごめんな」

そうして一カ月ほどすぎた。すると、事務員が事情でやめることになった。

〈あの子、仕事は決まったのかなあ〉

浩一が電話をすると、まだ仕事が決まっていなかった。こうして、佳寿江はペンキ屋の世界とかかわることになる。

事務員になった佳寿江の仕事は、ホームページづくりである。独学でパソコンの勉強をするのだけれど、勉強嫌いがあだになって格闘の日々になった。

そして、いつ終わるともしれない病との闘い。そもそも原因がはっきりしない。いくら強い女だといっても、どうせ治らないんだから、と投げやりになってしまうこともある。

仕事に病に、格闘、格闘。頑張っている彼女をみて、浩一は心でエールを送っていた。

〈あきらめるな、頑張れ〉

佳寿江を外に食事に連れていくようになった。もちろん、浩一はわきまえていた。

〈おれは、ひとまわり以上も年下の女性をお預かりしているんだ〉

佳寿江は外食がうれしかった。決して裕福ではない家庭で育ったので、子どものときから外食などほとんどしたことがなかったのだ。

男と女の恋愛方程式では、ときどき、おもしろい答えがでる。それは運命として定められた答えなのかもしれない。

二〇一二年五月三日、浩一四五歳、佳寿江二七歳で、ふたりは結婚してしまった！

◇

ふたりの結婚から五カ月たったころのことだ。

あるペンキメーカーの担当者が、浩一に言ってきた。

「金塚さん、塗魂ペインターズっていう団体があるのを知ってますか？」

なんたらペインターズ？

「聞いたことないなあ」

担当者が続ける。

「そこの池田さんという人が、ぜひ入ってほしいと言っています」

もちろん、この池田は、池田大平。塗魂ペインターズの中心人物として、この本に何度も登場している男である。

でも、浩一は、ことわった。地元の塗装業組合の役員もしていたし、佳寿江は車いすだったので家事も分担していた。そんな状態で、新たな活動はできない、と思ったものだから。

数日たった。また、その担当者から電話があった。

「金塚さん。いま、池田さんの会社の前から電話をしています。池田さんに、どうしても金塚さんに入会してほしいから説得しろ、と言われました」

池田と、塗魂ペインターズの会長である安田啓一は、どうしても浩一に入ってもらいたかった。浩一の会社のホームページを見て、彼なら関東のメンバーの中核を任せられる、と思ったのだ。

つまり、ページをつくった佳寿江の頑張りが、とりもった縁だったといえる。

浩一は言った。

「そこまで言ってくれるなら、ことわる理由はないよ。だから入会させてもらう。池田さんに、そう伝えてくれ。でも、おれ、いろいろバタバタしているので何もできないぞ」

入会したと聞き、佳寿江は言った。

「好きなようにすればいいわ」

しばらくして、ペインターズの会議があった。浩一は出かけていった。

会社で留守番の佳寿江は、気にくわなかった。

会議への参加が気にくわない、のではない。いろいろな仕事のメールを浩一に送ったのに、ぜんぜん返事が来ないことが気にくわなかった。

夜の飲み会中だからメールを返せない、のは一向にかまわない。だって、宴会のときにメールを見るのは、みなさんに失礼だから。

けれど、日中、返信が来ないのは許せない。

〈会議の休憩時間とかあるでしょうが。塗魂ペインターズなんてつまらない、大っ嫌いだ〉

佳寿江の塗魂ペインターズへの第一印象は、こうして最悪なものになった。

そんな思いが変わる。彼女の生き方そのものが変わる。出会いって不思議なものである。というのは……。

塗魂ペインターズは、ボランティアをしっかりする。会議もする。そのうえで、必ずと言っていいほど、反省会をちょこっとだけ兼ねた飲み会をする。

浩一は、塗魂ペインターズの活動に佳寿江を連れて行くことにした。車で会場の近くに行って車を降りる。そして、彼女が乗る車いすを浩一が押して会場に行くのだ。

そんな事情を知った塗魂ペインターズのメンバーが、何もしないわけがない。若手たちは、「ねえさん」「ねえさん」と言って近寄り、ときには佳寿江を車いすごと持ち上げて、どんな会場にも運んだ。

たとえば東京の銀座、雨の日の夜。

車いすに乗る佳寿江。彼女、なかなかの面構えをしている。その車いすを押すのは、迫力のある浩一。そして、ペインターズの若手たちが、傘をさして近寄ってきて、「ねえさん」「ねえさん」とやる。

はたからみたら、どこかの極道の妻だ、と思うこと間違いなし、なのである。

だが、こんなことをしてもらううちに、佳寿江は考えるようになった。

このメンバーたちは、みんな社長や個人事業主、つまり一国の主だ。そんな人たちが、私を慕ってくれる。そして、私を支えてくれている。

〈私も、みんなに何か恩返しをしなくては。私ができることがあったら、何かしたいわ〉

ペインターズのために何かする。それには、まず、私がどうするか、だ。

〈私はいままで、ふてくされていた。どうせ病気だ、車いすだ、どうしようもない、何もできない。そう思って、行動してこなかった〉

〈でも、それは間違っていた〉

そして、足の手術を決意した。

〈車いす生活を卒業し、みずからの足で、この地を行くんだ。人生を前に踏み出すんだ〉

ただし、これには、考えなくてはいけないことがあった。

足に人工関節を入れる手術をすると、足の痛みはとれて、ふつうに歩けるようになる。ただし、歩けば歩くほど、骨も、人工関節のチタンも、すりへっていく。すりへりすぎて具合が悪くなったら、人工関節を取り換えなくてはならなくなる。

ただ、医者たちはいう。「取り換えは簡単なことではありません。必ずうまくいく保証はできません」。

人工関節の寿命は一五年、ということだった。手術をして人工関節を入れたとして、一五年後に一回目の入れ替え時期が来るときは、四〇歳をちょっと越えたころ、ということになる。そこで、人工関節を入れ替えたとする。次にまた具合が悪くなったら……。そのときは、車いす生活に逆戻り、ずーっと車いす生活になるかもしれないのだ。

しかも、若い佳寿江は飛んだりはねたりする。なので、人工関節がすりへるペースが速くなるかもしれない。

〈それでも、みんなの役にたちたい、それには、みずからの足で歩かなくっちゃ〉

そんな思いに、ある整形外科医が背中を押してくれた。

「整形外科の世界は、進歩が早いのです。一〇年前、人工関節の寿命は一〇年でした。それが、いまは一五年になりました。一五年後、入れ替え時期は、二〇年、いや三〇年に延びているかもしれません」

「若いうちに、したいことはして、入れ替えてからは少しおとなしくして長くもたせるようにしませんか」

「そうすれば、車いす生活に戻らなくても大丈夫かもしれません」

佳寿江は手術を受けた。金塚夫婦は、塗魂ペインターズのさまざまな活動に、いっしょに参加している。浩一は職人として技術の粋を尽くしている。佳寿江は、雑用、ペンキ塗り、そして、車の運転など大車輪の活躍である。

浩一は、こう語る。

「おれの人生の転機は、この人の車いすを押したことです。道に、ちょっとした段差があることが分かるんです。それが、車いすにとって邪魔になるんです。すると、いろんなことが見えてきました」

あたりを見渡してみる。佳寿江も大変だけれど、彼女以上に大変な病と闘って生きている人がいるはずだ、と感じる。

あたりを見渡してみる。事故、事件で、多くの人が命を落としている。東日本大震災では、多くの人が大津波に飲み込まれてしまった。でも、身内を亡くした人たちが、悲しみに負けずに、けんめいに生きている。避難生活を強いられている人たちが、けんめいに生きている。

思いを遠くにはせてみる。テロ、内戦、戦争。多くの方が、きょうも命を落としている。いまこの瞬間に、どこかで、だれかが亡くなっているかもしれない。

難民生活を強いられている人がいる。いがみあう国々、人々。

「おれたちは、恵まれているんです。何があっても、ぜったい負けてはならない。負けてしまったら、大変な人たちに申し訳が立たない、と思うようになったんです」

そして、浩一にぜったいに負けないという力を与えてくれるもの、それが塗魂ペインターズ、なのだ。

「ペンキ屋風情に何ができる、と思うかもしれません。でも、おれたちには、おれたちにしかできないことがある」

それが、超一流の技術で、ペンキ塗りのボランティアをすることなんだ！

◇

浩一と佳寿江は、あのハワイのボランティアにも参加した。

浩一にとってハワイは二回目。佳寿江は、はじめての外国だった。

「とうとう、ハワイにまで来ちゃったわね」

「あきらめなければ、何でもできるんだな」

いっしょに感じるハワイの風は、爽快だった。

第4章◉ペンキ屋なんてくそじゃないか

東京の山手線を、ちょこっとはずれた品川区・西大井。そこに、小さなペンキ屋「清水屋」がある。ここの代表、清水剛《しみずつよし》は、声高らかに宣言している。

「地域に愛され、汗と笑顔を惜しまない。そんな塗装専門店になる」

有言実行。大きな身体だけれど、笑顔を忘れず、住宅の壁などにペンキを塗る。お客からの信頼は、ばつぐんだ。

清水は、「塗魂ペインターズ」の若手のひとりとして、走り回っている。

ペンキ屋なんか最低の仕事だ、といつも思ってきた。そんな清水の思いが、どう解消されたのか。いまも完全解消はできていないのかもしれないけれど。そして、なぜ、彼が塗魂ペインターズで頑張っているのか。

それをひもとくのが、この章である。

◇

一九八五年、任天堂のゲームソフト「スーパーマリオブラザーズ」が発売された。そんな年に、清水は生まれた。父は有名な化学メーカーの社員。三人きょうだいの末っ子である。

肥満児で、運動は苦手。勉強も、ぜんぜんだめ。いまでも、足し算は、心もとない。九足す九は一八、までは大丈夫だれど、二けたの足し算になったら、もうアウト。かけ算の九九も、あやしい。

漢字も、あやしい。いま、日常生活に必要な漢字を書けるように勉強している。仕事で請求書とか説明書きとかの文章を書くものだから。

父は、息子を勉強に向かわせようと、いろいろ手を打った。結局、空回り。小学二年のときには、英語を学ばされたこともあった。これも、さっぱり。

取りえがないのはつらいもの。だから、四年のときにサッカーをかじりはじめた。もっとも、身体はでっかくて走れない。だから、ポジションはゴールキーパーしかない。

はじめはよかった。ゴールキーパーをする子がいなかったから。グラウンドを走り回って得点する方が楽しいと、されていたから。

ところが、時代が悪かった。Jリーグがブームになり、キーパーはかっこいいポジションだということが分かってしまったのである。

ばりばりの運動神経の持ち主にレギュラーをとられ、試合はいつもベンチ。

このとき、清水に、はじめて「悔しい」という感情が生まれた。負けん気が生まれた。

だから、中学では頑張ろうと思った。正ゴールキーパーになってみせる！

サッカーに打ち込んだ。近くにあった一周五㎞くらいの公園を何周も走りこむ。横に飛んできたボールにとびつく、いわゆるセービングの練習に明け暮れた。

自分を猛烈に追い込んだ。ストイックに、ストイックに。百貫デブが生まれ変わった。二年でベンチにはいり、三年でレギュラーとしてゴールを守った。

地元の中学サッカーの世界では、少し名の知れた存在になった。「あいつが、清水っていうキーパーだぜ」。

中学のチームは、Ｊリーグのユースチームと試合をするほどの強豪チームになった。

サッカーは良かったんだけどねえ……。あとのスポーツはからっきしだった。そして、勉強もまったくだめ。

中学三年のとき、サッカーのクラブチームに入ろうと思って、セレクションに挑んだ。だが、最終選考で落ちた。

〈世の中には、すげえヤツがいるもんだ。サッカーは、もういいや。あとはおまえらに任せるわ〉

たったひとつの取りえだったサッカーをやめてしまった。勉強は分からないし、する気もない。だったら、ぼくは何をすればいいんだ？

たまたま、友だちの家に行ったとき、ヤンキーの雑誌があった。ページをめくる。バイクに乗っている特攻服の男たちがでていた。髪形も、すごい。年をみると一六歳とか一七歳とか書いてある。〈ぼくと同じ世代じゃん。かっこいいなあ〉。

清水は、暴走族にあこがれた。鏡に向かう。そして、カミソリで眉毛を剃り落とした。髪は短かかったので、髪形はこれでよし。

そして、ヤンキーたちの世界に足を踏み入れた。本当はちょこっと怖かった。でも、かなり前から不良していたような見た目なので、すぐに受け入れられた。たばこ吸って、酒飲んで。とある都立高校に入れた。入ってしまえばこっちのもの。サッカーはしないし、分からないから勉強もしない。

そこで、はじめて暴走族の人たちと出会った。本物は、怖かった。でも、あこがれた。ただ、族には入らず、不良グループに入る。やんちゃをしてしまって高校退学をくらった。働くしかなかった。中学のときバイトをしたことがあるペンキ屋に入ることになった。

そのペンキ屋は、その筋の人たちと親交のある会社だった。

清水の仕事は、掃除、洗濯、犬の散歩からはじまり、ペンキ塗り。そして、現場近くの飲食店で好きなものを食べさせてもった。ペンキ屋の主やその筋の人たちに、いろいろな武勇伝も聞かせてもらった。マナーや社会常識をしこまれた。

そうした生活が六年あまり続く。ところが、主が、廃業することを決めてしまった。たいしてもうからないし、続けていても意味がねえって。

清水としては、せっかくペンキの仕事に油がのってきたところだった。センスがいいな、とほめられたこともあった。

〈じゃあ、自分でペンキ屋をしよう〉

ちょうど、あるマンションの仕事が入った。現場の監督から「清水さん、人を集められないか？」「いいっすよ」。いわゆる、仕事の請け負いだ。

友人らに声をかけて、五〜六人集めた。ペンキ塗りの経験がない人ばかりだった。でも、枯れ木も山のにぎわい、である。仕事をうまくこなしてしまった。

どっさり工賃をもらった。

〈請負の仕事って、もうかるなあ〉

カネに目がくらんだのかもしれない。次々に仕事を請け負っては、人を集めてこなしていく。

〈こっちとこっち、どっちの仕事の方が高いかなあ、こっちだ。でも、あっちの仕事ももっ

たいないなあ。よし、ぜーんぶやっちまおう〉

来る仕事は拒まず、みたいになった。

手を広げたのだから、ふつうは大もうけするはず。ところが、借金をかかえてしまうことになった。

代金の未払いなどが続いたのだ。

〈なめんじゃねえぞ、このやろー〉

清水は、代金未払いの事務所に怒鳴りこみ、つかった道具を投げ捨てたことがあった。もちろん、代金を払わない方が悪い。だが、清水もやりすぎ、である。日本という法治国家では、イエローカードに近いかもしれない。

そうやってストレスを発散させないと、清水の心がもたなかったのかもしれない。けれど、未回収金という現実が良くなるわけではない。

大口の未収金が、どーんと八〇〇万円きた。これは、金融機関から融資をしてもらって、何とかセーフ。

何とかなったと思ったら、こんどは、がーんと三〇〇万円。もう金融機関から借りることはできない。貯金は、すっからかん。お手上げだった。

親に泣きつくしかなかった。

「おやじ、職人さんに払う給与の分だけでも、貸してくんないか？」

それまでの息子の振るまいに呆れていた親だけれど、息子はやはりかわいい。貸してくれた。

だが、家を後にして、清水は思った。

〈ペンキ屋の仕事なんて、くそだ。やってらんねえ〉

自分は、しっかり仕事をこなしてきたつもりだった。けれど、客にとんずらされて、自分は苦しむだけ。ばかばかしい。

〈おれは悪くない。おれは、まじめに仕事をしてきた。なのに、なんなんだ〉

朝早くから、作業の段取りをととのえ、現場に行く。まずは、周辺にトイレがあるかをチェック。

そして、作業開始。ていねいに、ていねいに塗っていく。ペンキ屋の魂をこめる。そこは、腐ってもプロである。

お昼時、現場近くに、こじゃれたレストランがある。千円札一枚で、じゅうぶんお釣りがくる。

〈ここで食ってみたいなあ……〉

だが、ペンキでよごれた作業服の自分をガラスに映して、あきらめる。

あ、あそこに立ち食いそば屋がある。あそこなら……、やめとこう。店の人がいやがるかもしんねえ。

そして、コンビニで弁当とお茶を買う。そして、公園のベンチ、ときには、地べたにあぐらをかいての昼飯だ。屋外ランチ、なんておしゃれなもんじゃない。雨の日や風の日は、車の中で、体をよせあっての弁当タイム。通りすがりの人が、奇異な目で見て、とおりすぎていく。

午後の作業は、夕方六時ごろまで。そして、事務所に戻って、片づけや、たまった事務作業をこなす。やっと終わったと思ったら、時計の針は午後一一時だ。

〈そんな日々の繰り返しを、おれは文句も言わずしてきた。なのに、代金未払いかよ〉

〈稼げねえなら、こんな仕事、やめてやる〉

そのころの清水には、ペンキ屋への愛など、これぽっちもなかった。

でも……。いざペンキ屋をやめようと思うと、業界の連中があざ笑う声が聞こえてくる気がした。

「清水、ペンキ屋やめたってよ」

「調子ぶっこいてたからなあ」

「自業自得さ、ざまあみろ」

「あいつがしていた仕事、いただこうぜ」

そういって笑っている姿を思い浮かべるだけで、清水の心は、さらに、ペンキ屋憎し、に行く。

〈ペンキ屋なんて、くその集まりだ！〉

このとき、貯金四万円。自分の所有物は、パソコン一台だけ。そして、小さな事務所を借りていた。

あるとき、パソコンでネットをしていた。そこで、ふと目にした。

「塗魂ペインターズ」

ペンキ屋たちがボランティアをしている、と書いてあった。

〈頭おかしいんじゃねえか、こいつら。ばかじゃねえか〉

でも、気になって仕方がなくなる。

実は、清水は、「ペンキ屋なんて」と自分の仕事に愛も情熱もなかった男なのだけれど、ひと月一万円を、ユニセフの基金に募金してきた男だった。

事実上の妻で、仕事を手伝ってくれている女性に、「募金していくって、かっこいいよ。ねえ、しましょうよ」と言われたことがきっかけだった。

ヤンキーの雑誌をみて眉をそったように、清水は影響されやすい男である。彼女の言葉に、いいかっこしい、した。

〈大それたことはできない。でもな、世の中に迷惑かけてきたことぐらい、よーく分かっている。おれは、すれっからしだけど、募金くらいはするんだぜ〉

そう意気がるんだけれど、実は、世界の恵まれない子どもたちのためになればと真剣に思うようになっていた。思いこんだら、まっすぐ。そう、清水は、危なっかしいけれど、根は純情、悪い男ではないのだ。

そんな清水が、塗魂ペインターズを知る。

〈なんたらペインターズかあ。どうせおれは、いつかペンキ屋をやめる。思い出づくりに、ボランティアに参加してみっかなー〉

終わりよければすべて良し、である。大嫌いなペンキ屋の仕事だけれど、ボランティアで締めくくれれば、まあいいっか、と思った。

〈待てよ。おれみたいなのが参加できんのか？　みんな立派な社長さんだよな〉

とりあえず、ペインターズの事務局に電話してみた。受話器の向こうは女性である。

あとから分かるのだけれど、この女性は、池田大平の妻だった。

「ごめんね、いまいないから折り返すわ」

しばらくして、池田から電話があった。

「きょうだい、ありがとう。よく電話してきてくれたな」

きょうだい、と聞いて、清水は後悔した。

〈やばい筋に電話しちまった〉

暴走族、やくざ。そんな人たちを見てきた清水である。「きょうだい」という言葉に、またかあ、いやだなあ、と思った。とはいえ、用件だけは話さなくては。

「あのー、入会とかそういうのは一切考えていないんです。ペンキ屋、やめようと思ってるんです。でも、思い出づくりに、ボランティアに参加させてください」

正直ものである。ところが、だ。ここまで読んでいただいたみなさんなら、お分かりだろう。池田は池田で、これまた、なかば強引、でも心からの思いを、何の計算もなく言ってしまう男だ。

「きょうだい、塗魂ペインターズに入会してください」

清水は思った。

〈おれは入らないって言っているのに、ペンキ屋をやめると言っているのに。この人、おかしいんじゃないか〉

でも、池田は、「ボランティアに参加したい」という清水の思いに、希望を見いだしたのである。

〈ボランティアに来たら、こいつは考えを変える。そして、ペインターズの中核として活動するはずだ〉

純情な人間は、ボランティアをして、だれかが「ありがとう」と言ってくれれば、「これでおしまいです」などとは言えない。一回すれば、もう裏切れなくなる。池田のペンキ屋の勘が、そう思わせたのだ。

ペインターズに入って、という池田に、清水は「はい、はい」と生返事をした。

〈わけ分かんねえよ〉

二〇一二年春、清水は、埼玉の上尾市であったボランティアに参加した。特別支援学校の校舎、体育館などでのペンキ塗りだった。

このボランティアでは、塗魂ペインターズのメンバーが何十人と集まっていた。清水の心は、とげとげしい。

〈こいつら、社長なんだろ？　よっぽど暇なやつらなんだ。こいつらとは口も聞きたくないね。話すこともないし。おれ、ペンキ屋、やめるしな〉

と、こ、ろ、が、である。

自分の心は、とげとげしいのに、みんな、あたたかく迎え入れてくれるのである。「きょうだい」「きょうだい」って。

〈おれは、ペンキ屋なんて、くそがする仕事だと思っている。ただ、きょうは、おまえらよりおれはすごいってとこを見せてやるために来た。なのに、なんなんだ、おまえらは〉

自分の技をフルに使ってペンキ塗りをした。そして、懇親会にも参加してみた。

そのとき、みんなから言われた。

「きょうだい、女川へ行こうぜ」

女川ってどこ？

清水に、ペンキ屋への愛が生まれようとしていた。

◇

二〇一一年三月一一日午後二時四六分。

宮城県の牡鹿半島、その東南東沖一三〇kmのところで、マグニチュード九・〇の大地震が発生した（東日本大震災）。その地震は、大津波に化けて東北の三陸海岸を襲う。多くの尊い命をうばい、そして、建物を飲み込んだ。

宮城県の女川町も、大きな被害を受けていた。いや、最悪だったといっていいかもしれない。住民の半分以上が、大震災で亡くなるか行方不明になったという町だ。

それまでの清水はというと、もちろん大津波の映像は見ていた。でも、それは、テレビの画面の向こうの話、他人事だ。被災地に行ったこともなかった。

〈女川って、宮城の被災地なんだなあ。思い出になるかもしんない、行ってみよう〉

二〇一二年一一月。清水は女川の町に入った。高台から街を見下ろした。

がれき、がれき、がれき。家がなかった、なんにもなかった。

色もなかった。白黒の世界だった。感情が押しよせてきた。

〈ペンキ屋なんてくそだ、と思ってきた。まわりを、そして自分自身を軽蔑してきた〉

〈おれは、なんて小さな男なんだ。ばかじゃないか、おれ〉

ボランティアの場所は、仮設店舗。そこに、断熱塗料を塗るのだ。

この断熱塗料については、のちの章で詳しく説明する。ここでは、プロローグで紹介したハワイでのボランティアで塗られた白い塗料と同じ、とだけ、書いておく。

大津波で多くの人が犠牲になった。地域の人たちは避難している。でも、みんなが帰ってくることができる場所をつくりたい。そんな思いで、仮設店舗をつくってきたらしい。

清水は思った。

〈おれには、帰る家がある。家族もいる。友だちが死んじまったわけでもない〉

〈確かに、借金を抱えちまった。でも、たかが借金じゃないか。命をとられたわけではない。そんなのは、働けば返せる〉

〈大津波で身内や知り合いたちが亡くなったのに、なんとか地域を取り戻したいと思っている人たちがいる。そんな方たちに比べたら、おれはしあわせじゃないか〉

ただ、ペンキ屋なんか辞めちまおうと思っていた男が、そんなに簡単には変わらない。気持ちは、まだ、もやもやしていた。

ボランティアがおわって、懇親会。ペンキ屋の世界では、そこそこ知られている人たちがたくさん出てきているんだろうが、清水にとっては、「そんなの関係ないね」。「この人は、すごいんだよ」とか紹介されても、「あっ、そうっすか」くらいの感覚でしかない。

会がはじまった。清水のとなりにすわった男が、清水を根底から変えることになる。

その男の名は、宮嶋祐介。群馬の前橋市で、「ミヤケン」という、けっこう大きなペンキ屋をいとなむ社長。二〇一六年一〇月に、第二代のペインターズ会長になる男である。

◇

プロ野球で、王貞治が世界新記録の七五六本のホームランを打った一九七七年。

宮嶋は、群馬県の前橋市に生まれた。言い方が悪いけれど、日陰者の子だった。ペンキ屋をしていた父には本妻がいた。母はスナックで働くシングルマザーだった。

宮嶋が高校生のとき、母は亡くなる。葬儀にきた人たちが口々に言った。

「きみのお母さんには、本当に世話になった」

困っている人がいたら、その人のために何かする、という母だった。

そんな母の背中を見ていたものだから……。

小学生のころ、弱い者いじめをしているヤツには殴りかかっていった。

中学では吹奏楽をする。商業高校に入り、母が亡くなって一人暮らしをする。

生活費を稼がなくてはならない。深夜までバイトし、学校には枕をもっていって、授業中は、すやすやと夢の中。たばこも吸った。教師に、なんども殴られた。

なんでもいいから自分で商売をしたいと思っていた。高校三年のころには、卒業したら東京でファッションの店を開くという計画をたてた。なので、バイトでカネをためた。

卒業した。ところが、その計画がおじゃんになった。することがない。遊びに走った。上から下まで白、という装い。金髪。そして、ナンパをしてはカラオケ三昧。不良チームに入る。それまでの友だちたちが、離れていった。

一九歳が終わろうとしていた、とある雨の夜だった。

不良チームの先輩が、かっこいい車を乗りまわしていた。

その先輩と酒を飲んでいた。

「先輩の車、一日、貸してくれませんか?」

そして、車に乗りこみ。アクセルをふかす。少し酒が入っていたこともあって、スピードが快感である。さらに、アクセルを、ふかす。ぶーん。快感である。

そのとき……。

ハンドルがきかない。キュルキュルキュルキュル。車が回る。ブレーキをかける。だめだ。ああ、ガードレールだああ、ガシャーン……。

目が覚めたら、そこは病院のベッドの上だった。

だれかいると思ったら、父だった。

必ず一度、ぶっ殺してやるからな、と憎んでいた父だった。

「おやじ、おれ、どうしたんだ?」「覚えていないのか?」。

雨の日に、車がスピン。ガードレールにぶつかり、運転席はぐちゃぐちゃに。宮嶋は運良く、助手席のほうに投げ出されていた。そうでなければ死んでいた。

骨盤などが骨折していた。医師の診断は、もう歩けません、だった。

〈こんなところで、くたばってたまるか!〉

リハビリを重ねる。毎朝、父は、現場に行く前に病室に寄ってくれて、着替えなどをもってきてくれた。父に反発する心が消えていった。

歩けるようになった。医師からは、奇跡だ、と言われた。三カ月で退院。父は言った。

「どうせ、することないんだろ。うちでバイトしろ」

父への反発心があって、「ぜったい、こいつといっしょの仕事はするもんか」と思っていた。

けれど、こうして、父と同じペンキ屋の世界に入った。

ただ、早く独立しようと思っていた。なので、仕事を頑張り、ペンキ塗りの練習もした。

三年たったころ、父ともめた。父と本妻の間でできた子どもとも、もめた。

「もー、こんなとこで、やってらんねえ」

宮嶋は、父の会社をやめて独立した。

だが、仕事というと、四次下請け、五次下請け、というやつである。

たとえば、ゼネコンが何か建築物をつくるとする。すると、そのゼネコンが、ある業者にペンキ塗りの仕事を頼む。このとき、ゼネコンが元請け、ある業者は一次下請け業者である。その一次下請け業者は、その仕事をさらに別の業者に頼む。仕事を頼まれた業者は、元請けのゼネコンからみれば、二次下請けである。そうして、そうして……。宮嶋のところは、四次、五次下請け、なのである。

仕事はペンキ塗り。でも、自分たちが、だれのために仕事をしているのかが分からない。上からの指示通りするだけ。

おれの技術はすごい。その技術でいい仕事をするんだ。

そんな気持ちが消えていく。機械的にローラーをころころするだけ、そんな自分に気がつく。

でも、一件目の仕事で、どーんと儲かった。これはぼろもうけだ。職人も数人、雇い入れていった。

けれど、仕事を続けていくうちに、ピンチになる。宮嶋もまた、代金未払いに苦しんだのだ。借金がふくらむ。銀行が貸してくれるわけがない。なので、消費者金融から借りる。フーと一息。

でも、あっというまに一〇〇〇万円の借金になった。

まだ二十代の前半。びびらなかった、行け行け、どんどんだ！

借金をかかえているくせに、宵越しのカネをもたない、その日暮らしを続けた。

少しゼニが入ったら、札束を見せびらかしながら、ぜんぶ飲んでしまう。そして、パチンコ三昧。たいてい負ける。

妻が、実家に生活費を借りに行ってくれるようになった。

宮嶋は、さすがに、これはまずいと思った。

〈おれはもうカネは借りねえ。パチンコから足を洗う〉

消費者金融のカードを、バシッと折った。

〈休まねえ、休みなんかいらねえ。仕事を、もっと仕事を〉

ペンキ塗りの仕事を、心の底から好きになりたかった。考えた末、ゼネコンなどからの下請け仕事をやめることにした。家を建てるお客さんからの仕事を、直接受ける、つまり元請けの仕事に傾斜していった。

お客さんと、じかに、打ち合わせをする。色、塗り方など、お客さんの要望を聞き、こっちからも意見を言う。お客さんの最終判断をもとに、ていねいにていねいにペンキを塗る。いいできばえなので、お客さんから「ありがとう」という言葉をもらう。これが、心地いい。ペンキ屋っていい仕事だ、と思えるようになった。

そして、四年ほどで借金を返すことができた。

宮嶋は、経営者としてのスタートはここからだ、と思った。

読み慣れない本を、読みはじめた。たとえば、パナソニックの創業者である松下幸之助など経営者の本である。

お客さんからいただく「ありがとう」という言葉を、もっと聞きたい、もっと聞きたい。これが何よりのモチベーションだった。

ぐんぐん業績を伸ばす。いま、従業員三〇人あまり、年商八億円あまり。従業員ひとりあたり一〇〇〇万円売り上げればまずまずと言われる中小企業の世界で、およそ二・五倍の売り上げである。群馬県ナンバー1のペンキ屋だ。

業界に名が知られていくうちに、宮嶋は業界の勉強会に呼ばれ、全国の人たちとの人脈が広がっていった。その中で、この男はすごい、と思ったのが、愛知の池田大平だった。塗魂ペインターズ誕生の中心人物。いままでにも何度か登場している、あの男である。

池田が塗魂ペインターズを作ったと、聞いた。池田に入ってくれと、頼まれた。はい。喜んで！

宮嶋は、それまでも、地元でボランティアはしてきた。ただ、実は、それには少し下心があった。地元で会社の名前を売るチャンスだ、という計算である。

塗魂ペインターズでのボランティアは、とにかく、池田の後を追いたい、というのがはじめの動機だった。

交通費など、ぜーんぶ自腹。そのカネを出すことは、簡単なことではない。しかも、ボランティアは土曜や日曜にするとしても、宿泊をともなう遠出をすることもある。

参加するメンバーはみんな、ペンキ屋の社長であり、個人事業主である。仕事のやりくりは、大変なはずだ。

なのに、みんな、笑顔なのだ。

〈大丈夫なのか、この人たちは〉

ところがローラーでペンキを塗っていくうちに、考えが変わっていく。

みんな家族みたいなのだ。そして、あにき、あにき、と呼び合う。自分は、メンバーの人たちに良くしてもらっている。だったら、自分ができることは何だ？

〈そうだ、悩んでいる後輩たちに、おれの全部を伝えよう。おれだって、人の役にたてるかもしれない〉

そして……。

東日本大震災の被災地、宮城の女川でボランティアをして、懇親会に参加した。

宮嶋の横に座ったのが、清水。ペンキ屋なんてくそだ、と意気がっていた若者だった。

◇

清水は、あいかわらず、ふてくされていた。ペンキ屋なんかやめてやる、と思っていた。

となりの男が、話かけてきた。「おまえ、頑張れよ」。

そして、名前を聞いてきたので、「清水です」という。

すると、その男は、「なあ、鈴木よー」と、話しかけてくる。

そして、ちょっとしゃべって、また聞いてきた。

「おまえ、名前なんだっけ?」

「清水です」

そうか、そうか。そして、しばらくしゃべって、また聞いてきた。「おまえ、名前なんだっけ?」。

もちろん、このとなりの男が、宮嶋である。

仕事の話になった。清水は「実は、やめようと思っているんです」と言った。すると、宮嶋は言った。

「おい、おまえ、いっしょにやるぞ、頑張るぞ。挑戦するぞ。おれの言うことを聞けば大丈夫だ!」

「そんなこと言われても……」

「つべこべいうな。いいか、いちど、群馬のうちの会社に来い。だまされたと思って来い。いいか、鈴木」

「いえ、ぼくの名前は、清水です」

「そうか、そうか……」

清水から見たら、となりの宮嶋は、人の名を覚えない、適当な酔っ払いに映った。

宮嶋から見たら、となりの清水は、こう見えた。

足をまくって、誰とも話をしようともせず、つまらなそうな顔をしている。

けれど、店員が箸をもってきたとき、ささっと全員にくばっていた。歌を歌わせたら、そっちの筋の歌を歌う。

こいつ間違いなく、その筋の流れのもんやな。

こうして、懇親会は終わった。

それから何日かたった。

群馬から車を飛ばし、宮嶋は、東京の清水の事務所に行ってみた。

そして、清水から話を聞いた。けんめいに仕事をしても、代金を踏み倒されている。ほとんどだまされて、ただ働きさせられているようなものだった。宮嶋は思った。

〈なんだ、むかしのおれと、おんなじじゃん〉

だれを信じていいのかが分からない、と清水は言っている。

〈何とかしてやりたい〉

そう思った宮嶋。ふと、事務所に、世界の子どもたちの写真が飾られているのに気がついた。

「清水、これはなんだ?」

「宮嶋のあにき。ぼく、カネはないんですが、ユニセフに毎年、募金しているんです」

「宮嶋のあにき、海外には、大変な思いをしている子どもがたくさんいるんです。でも、こいつら、成長していると思うんです。おれのはした金、役に立っていると思うんです」

ごっつい顔した清水が、うれしそうに話すのである。

そんな清水を見て、宮嶋は、個人的にえこひいきしようと思った。

塗魂ペインターズには、いろいろな掟がある。そのひとつに、グループをつくらないこと、がある。

でも、宮嶋は、心の中で叫んだ。

〈メンバーのみんな、それだけは大目に見てくれ!〉

ボランティアの現場などで顔をあわすと、宮嶋は必ず清水に、「どうだ、頑張ってるか」と声をかけつづけた。

清水は、宮嶋にこう言うようになった。

「宮嶋のあにき、おれ、群馬のあにきの事務所に行きたいんです」

「無理するな。おまえ、カネないんだから。おれは東京に時々、用がある。そんとき、おまえのところに顔をだすさ」

ところが、あるときである。

宮嶋の携帯電話がなった。清水からの電話である。

「あにき、いま着きました」

「え、どこに着いたんだ?」

「あにきの会社のすぐ外です」

外に、一升瓶をもって、清水が、いっぱいの笑顔で立っていた。西大井から、ぼろぼろの車を運転してきたのである。

清水を事務所に招き入れた。

「あにき、これ渡しにきました」

そして、一升瓶を置いて一〇分くらいで帰ってしまった。

かわいさ二〇〇倍、である。

〈ほかのメンバー、ごめんな。おれ、清水を何とかしたい〉

しばらくした、とある日。夜一〇時ごろだった。清水は宮嶋からの電話をとった。

「いまから事務所に行くからな」

宮嶋が来た。清水に言う。

「おまえ、何か挑戦をはじめたか？」

「すいません、何やっていいかわかんなくて」

「ばかやろう、とにかく、まずは、事務所をかたづけろ」

きれいに掃除して、いらないものは捨てて。

「おい、清水、フェイスブックを毎日必ず更新しろ。いまやっていることを、必ずあげて、おれに報告しろ。何をしているか、正直にだぞ」

そして、宮嶋の、ネットによる清水の「監視」がはじまった。

清水は、毎日、現場での様子などをフェイスブックで報告していった。

しばらくして、また宮嶋が清水の事務所に来た。

「おー、きれいにしたたな。よし、次をするぞ」

会社案内をつくった。ふたりで、午前三時ごろまでかけて。

「よし、完成だ。これで営業しろ。元請けの仕事をとっていけ」

元請けの仕事をすると、ペンキ塗りの仕事の楽しさが分かる。それは、宮嶋の実体験だ。ペンキ屋なんかくそだ、という清水の心が、ぜったい変わるはずだ。

宮嶋は、そう確信していた。ただし、言われた清水は、ポカーンとしていた。

〈何いっているか、分からない〉

しばらくのち、清水は宮嶋に呼び出された。場所は、東京の、とある貸し会議室である。

「清水。いまのおまえの現状を教えろ」

ある下請け仕事でもらえるのは、毎月二〇〜三〇万円、ときには五万円。

「よし、その下請け仕事はやめろ」

ある建物の大規模改修の下請け仕事をしている。採算はとんとん。

「よし、それもやめちまえ」

続けてよし、と言われたのは、ある元請け会社の仕事だけ。あとは、ぜんぶことわった。

清水は信じていた。宮嶋が仕事を世話してくれる、と。

そして、清水は、宮嶋に電話で報告した。

「言われたとおり、ぜんぶことわりました」

「そうか、よくやった。じゃあ頑張れよ」

ツーツーツー。電話が切れた。

こうして、清水に仕事がなくなった。清水は途方に暮れた。職人には、知り合いの現場に応援に行かせ、清水は考えた。

〈できることからはじめるしかない〉

名刺をつくる。ホームページをつくる。パンフレットを、宮嶋の会社のものを参考に、いや、パクってつくる。

そして、半年がたった二〇一四年春のことだった。

はじめて、元請けの仕事がとれた。一戸建ての塗り替えである。

お客さんから、直接仕事をもらうことに、はじめは戸惑った。あいさつをどうしようか、などと。けれど、いまや、仕事のほとんどは元請けの仕事、下請け仕事は一握りしかない。

ペンキ屋を馬鹿にしていた自分が、恥ずかしくなった。

ペンキ屋って、すごい。ペンキ屋への愛を感じるようになった。

そして、塗魂ペインターズでボランティアをしているうちに、清水は変わった。

人前で、泣くようになった。感情をあらわにするようになった。

みんなで何かを成し遂げる、人から頼りにされる、感謝される。清水には、そんな経験がなかったのである。

清水は変わった。

ペンキの仕事は、社会の下層中の下層だと思っていた。いまも、そう思うことがある。

でも、それは、自分が、仕事に本気じゃなかったからかもしれない。

世間は、何もできないからペンキ屋しかなれない、というかもしれない。

違う。この仕事は、世の中に必要なんだ。だれでもできる仕事じゃないんだ。

多くの方が、おれたちの仕事を喜んでくれている。

確かに、きつい仕事だ。どんなに頑張ったって、金持ちになることはないだろう。

世の中は、株でもうけた、賃上げがあった、とかで喜んでいる人たちがいる。大企業は大もうけしているんだとか。

そんな人たちと、自分は別世界に生きている、と思う。正直にいうと、世の中への不平不満で、心はいっぱいだ。

でも、おれが、いま言いたいことは、これだ。

おれは、ペンキ屋が大好きだ！　進むぞ、塗魂ペインターズ！

◇

清水は、仕事の都合で、ハワイのボランティアには行けなかった。

宮嶋は、ハワイで腕をふるった。ただ単に、ハワイに行ってペンキを塗るわけではない。ある理由があって、行く。だから、ハワイに行く前に歴史を勉強した。

そして、ハワイでボランティアをして、歴史的なあの場所に行く。その場所とは、どこか。

それは、塗魂ペインターズがハワイに行った理由につながるので……。

ここでは、まだナイショ。

第5章◉口ひげのふたり

ペンキ屋の服装といえば、下から、地下足袋、ニッカポッカ、作業着、が定番である。

とくに、たぶだぶのニッカポッカは、作業現場には欠かせない。

なぜ、ニッカポッカなのか。それは、ファッションだからではない。現場にあるさまざまな障害物から足を守るためなのである。あのだぶだぶが、障害物と足との距離をとってくれているのだ。

だから、ペンキ屋、左官屋など、現場で働く人たちは、ニッカポッカをはく。つまり、職人の世界での正装なのである。

世間の人のなかには、あのだぶだぶをみただけで、怖い、不良だと思う人がいるかもしれない。それは、あ〜かんちがい、なのである。だぶだぶイコール不良、この数式が成り立つのは、おそらく学生服だけかもしれない。

色は、それぞれの好みがあろう。ただし、黒とか紺色とかだと、まわりに少し威圧感をふりまいてしまうかもしれない。見る人に、恐怖をいだかせるかもしれない。

赤、緑……、これも、少しきついかもしれない。

白。これだと、すがすがしく、清潔感をふりまけるかもしれない。

塗魂ペインターズのジャンパーやTシャツ、色は「白」である。

かなり前から「白」にめちゃくちゃこだわってきたペンキ屋がある。

七夕まつりで有名な、神奈川県は平塚市。そこにある「相馬工業」という会社だ。

地下足袋、ニッカポッカ、シャツ、作業着、そして、頭に結ぶ手ぬぐいまで、ぜーーんぶ「白」なのだ。

この会社の二代目社長、相馬純《そうまじゅん》。彼のこだわりである。それは、おしゃれで清潔なペンキ屋になって、業界のイメージを変えたいという信念から来ている。

そして相馬もまた、塗魂ペインターズのメンバーである。

◇

一九八一年は、校内暴力が最悪の事態を迎えた年であり、アイス「ガリガリ君」が発売された年である。

相馬は、その年の冬に生まれた。

姉と弟の三人きょうだい。父と母の故郷は大阪、ふたりともペンキの職人だった。

三人の子どもたちは、保育園に預けられた。保育園までは朝、祖母が送ってくれた。保育園で友だちと遊ぶ。夕方、ひとり、ふたりと親が迎えにくる。

そして、相馬たち三人きょうだいだけが残った。夜七時ごろ。保育園の門の方をみると、母が走ってくる。

そんな日々だった。

小学校のとき。夏休みの宿題に絵を描く。クラスメートたちは、家族で東京ディズニーランドや海水浴に行ったときのことを描く。

相馬たち三人は、ちがう。父と母が、ペンキを塗っている後ろ姿を描いた。夏休みは、現場に連れて行ってもらう日々だったものだから。現場では、左官屋、大工、みんなから三人きょうだいは可愛がられた。みんなから、のこぎり、ノミ、ニスなどを貸してもらう。そして、現場で図画工作の宿題をしてしまう。夏休みの宿題の作品、三人のそれは、ぴか一だった。

子どものころから、職人の世界でもまれた。小学二年のころ、相馬は、職人たちが作業をしていた家の上がりかまちで、左目をぶつけた。まぶたから血がドバーッ。父は、泣いている相馬のまぶたにテープをはって、「よし、これで大丈夫や、遊んでこい」。

父は、口癖のように相馬に「おまえはペンキ屋を継げ」と言った。相馬の心に、すりこまれていった。

でも、それにしても、ペンキ塗りの現場にいることが多すぎる。小学生なのだから、学校の友だちと遊びに行けばいいのに。

実は相馬には、親に言えない事情があった。それは……、小学一年のころから、いじめられていたのだ。

小さいころの水ぼうそうが目に来てしまったのだろうか、相馬の目は、ちょこっとだけ焦点が合わない。

だから、小学校に入ったころから、それはそれは分厚いメガネをかけていた。

メガネをかけているだけで、かっこ悪いとされた時代。しかも、レンズが分厚いものだから、飛んで火にいる夏の虫。いじめの標的になる。

上履きが、かたいっぽうだけ、ない。イスが廊下にだされている。画鋲が机の中にはいっている。そして、全員にシカトされる。

だから、相馬は朝、家のトイレの中でお祈りをするのを日課とした。

〈神様、きょうはいじめられませんように、お守りください〉

残念だけれど、その祈りが神様に届いたためしは、ない。

いじめられるのだけれど、教師には言わなかった。言ったら、ぜったい親に通報される。現場で忙しい両親を困らせたくなかった。

もちろん、親にも言えない。朝から晩まで、いっしょうけんめい働いていくれてる。だから、ごはんが食べられるんだ。心配をかけたくない。

いじめられているから、級友と遊ぶわけがない。現場にいることが楽しい。だから、暇さえあれば両親が働く背中を見に来ていた、のである。

父が足場から落ちて、全身を打ったことがあった。ふつうなら、即入院。だが、入院せず、現場に出ていた。包帯だらけの父がビールを飲んでいた。「病院に行ったの？」と相馬が聞くと、「そんなの行かんでいいんや」。強すぎるほど強い父に、自分はいじめられているとは言えなかった。

もっとも、教師もひどかった。給食当番のとき、教師のスプーンを忘れた。その教師は、手で食べた。そして、「おまえが忘れたからだ」と相馬を、ののしった。せめて教師には気に入られたいと、花をもっていったこともあった。子どもに気をつかわせる教師なんか、この世にいらない。

相馬は追い詰められていく。小学四年か五年のときだった。台所で包丁をもった。あまりにいじめがきつくて、死のうと思った。これでぐさっとやれば楽になる……。だが、父と母の悲しそうな顔が浮かんで、思いとどまった。もちろん、死ぬ勇気もなかった。

でも、いじめられる者のつらさ、弱い者がかかえるつらさを、小学生のときに知った。これは、その後の人生にとっては悪いことではない。

ただ、人の視線を気にする少年にもなってしまった。みんなは自分のことをどう思っているんだろう、ばかりが気になった。

だから、中学生になってテニス部に入るも、みんなの顔色ばかりを見るのに疲れてしまった。打ち解けられずに孤立、まもなくやめてしまった。団体行動は向いていないと思った。

じゃあ、どうするか。ひらめいた。

〈強くなれば、ぼくは変われるかもしれない〉

柔道部に入る。身長は低いし、体重も軽い。スポーツなどしたことがない。だから、めっぽう弱い。でも、個人競技である。練習を重ねていくと成果がでてくる。背負い投げが得意になった。

ただ、二年生からはじめたハンディもあり、どうしても勝てない。でも、あきらめずに続けた。そして、試合では、自分からギブアップをしないことを自身に誓った。

ある日、父と母が、仕事の合間をぬって相馬の試合を見に来てくれた。またたくまに体勢をくずされ、締められる。ふつうなら、「参った」をするところだ。けれど、相馬はしなかった。落ちて一本負け。

父は言ってくれた。「純、あれは負けやない。よう頑張った」。母は、ひ弱な息子が畳の上で闘ったことに涙してくれた。

白帯からあがることなく、連戦連敗。このまま、一度も勝てずに中学生活が終わる。そう、だれもが思った。相馬自身も、そう思っていた。

けれど、努力をする者に、奇跡は起きる。いじめられたくないという願いをかなえてくれなかった神様が、ここで、ほほえんでくれた、のかもしれない。

三年生の夏、最後の試合である。相馬は、最軽量の五五kg級に出場した。

初戦は、相手が欠場したので不戦勝だった。二回戦、相手はシード選手である。

相馬は、この日のために親が買ってくれた新品の柔道着で、畳に立った。

相馬四五kg、あっちはリミットぎりぎりだろう。体重が一〇kgちがう。身長も、はるかにあっちの方が高い。

こっちは白帯、あっちは茶帯。

勝てるわけがない。だが、親の思いを背に、よし行くぞ、と相馬は気合をいれる。

はじめ！

主審の声とともに、相手に組まれ、振り回されはじめた。相馬は技をかけようにも、歯が立たない。ただ、相馬は粘った。

こうして決め手のないまま、試合は終盤である。

体力のない相馬は、かなりバテていた。

いちど離れ、そしてふたたび組んだ瞬間だった。相馬の得意な組み手になった。

顧問の教師が叫んだ。「相馬、いまだ！」。

反射的に、相馬は相手を背負う。そして、投げた。次の瞬間、相馬は、倒れた相手の上に、ちょこんとすわっていた。

一本！

主審の声が響く。何が起こったのかわからず、きょとんとする相馬。どっちが勝ったんだろう。審判の旗を見た。自分の色だ。勝ったんだ。

相馬が勝った！　先生もチームメートも、もう大騒ぎである。

このとき、相馬は思った。

〈やればできるんだ、何事もチャレンジだ〉

ちなみに、三回戦は、あっさり敗北。でも、そんなことは、たいしたことではない。すべてに自信がなかった相馬が、人生を切り開くきっかけになった、魂の背負い投げ、だった。

中学三年生は、進路を決めるたいせつな時期だ。相馬は、中学を卒業したらペンキ屋をするつもりだった。だから、ろくに勉強していない。

そもそも、小学生のころから、ろくに勉強していない。というか、勉強できなかった。いじめられるのを警戒して、授業をろくに聞いていなかった。

校長に呼ばれた。職業訓練ができるところがあるぞ、という。ただし一〇〇万円かかるという。

「ぼくは、働きます」と相馬はことわった。

姉が、高校に行かせたがった。職人になれるかどうかわからないし、中卒では将来、どうなるかわからない、と。

相馬家は、家族の絆が強い。だから、姉の思いには応えたかった。相馬は、高校受験を決意した。

試験を受けさえすればだれでも入れる高校には行きたくなかった。それは、高校に受かったことにならない。

相馬は教師に、そのひとつ上の学校を受ける、と宣言した。

「おまえ、ぜったい落ちるぞ」

教師の冷笑。なにくそ精神が爆発した。姉に家庭教師をしてもらった。さらに、小学校の漢字ドリルからはじめた。

入試。やることはやった。手応えがあったのかどうかも分からない。

合格発表の日。両親といっしょに、車で高校まで行った。落ちているに決まっている。相馬は、ペンキ屋をやるぞ、と心に決めていた。

いっしょに行きたいという母を押し切り、ひとりで合格者の掲示板を見に行く。

ぼくの番号は、番号は……。

あった!

同じ中学の同級生も何人か受けていて、受かっていた。みんなで、やった、やった、と喜んだ。

両親は、息子を心配していた。なかなか戻ってこないものだから。笑顔で戻ってきた息子に、両親はことのほか喜んだ。

高校生になって、相馬は一気に開花していく。

それは、一年の夏のことだった。小学生のときに相馬をいじめていたヤツが、ほかの高校に行っていた。憎いあんちくしょうは、相馬の高校の同級生をいじめていた。

あんちくしょうが、近くの公園に同級生を呼び出したらしい。その知らせを聞いた相馬は思った。復讐のチャンスだ、と。

公園に走った。あんちくしょうがいた。相馬は、あんちくしょうと向き合った。

「なんだ、相馬じゃねえか、この寄り目が」

相馬は、はじめて、あんちくしょうに刃向かった。

「おれが相手になる。昔みたいにかかって来いよ」

あんちくしょうは、かかって来なかった。機先を制した相馬の勝ち、である。

「もし、またいじめられたら、おれに言ってきな」

同級生にそう言って、相馬は公園をあとにした。

いじめられっ子からの完全脱皮、の瞬間だった。

不良のたまり場のような高校だったが、じつに楽しい連中ばかりだった。

先生も『3年B組金八先生』のような人だった。ただし、長髪ではない。髭ずらで、色黒。

ちょっと悪っぽさが入っていた。そして、先生をしながら副業で居酒屋をいとなむ変わり種だった。

親をまじえた三者面談の会場は、先生がいとなむ居酒屋。先生と親、そして生徒本人も、酒を飲み、たばこを吸いながら語り合った。

先生は、生徒の話をよく聞いてくれた。そして、よくこう言った。

「おまえら、バイクを買うなら土地を買え」

バイクの価値は、乗れば乗るほど下がる。でも、土地の値段は、時がすぎると、むしろ上がっているかもしれない。だから、土地を買ったほうがぜったい利口だ、というのである。

とことん生徒たちを信じてくれた。だから、不良学生たちも、先生の言うことだけは聞いた。

先生は、相馬が家業のペンキ屋に入るつもり、ってことを知っていた。父も母も、朝早くから現場に出ていることを知っていた。

午後、急に雨が降りはじめる。相馬は先生にいう。「先生、おれ、家に帰って、洗濯物をとりこまなくっちゃ」。干してある作業着が濡れてしまったら、翌日からの仕事に障る。

「おお、相馬、帰れ」「先生、ありがとな。追試とか受けるから」。

相馬は、バイクで急いで家に帰った。

また、現場の手が足りないとき、相馬は手伝わなくてはならない。先生は言った。

「相馬、学校に来なくていいぞ」「先生、ありがとな。追試、補講、受けるから」。

長崎ちゃんぽん屋、ディスカウントストア、寿司屋……。相馬はバイトをして、免許の費用などを稼いだ。親に迷惑をかけたくなかったから。

きっちり三年間で卒業し、家業のペンキ屋に入った。

ペンキ塗りの修行は、きびしかった。でも、家族で頑張るんだと、けんめいについていった。

もうひとつ、相馬が夢中になったこと。それは、ファッションだった。

きっかけは、自動車教習所での出来事だった。ここに、ヤンキーたちからいじめられている男がいた。おしゃれで、話もうまい。だから、標的になった。

相馬は、ヤンキーたちに言った。「おれが相手になってやるよ」。

いじめは終わった。その男は、相馬に、洋服づくりの楽しさを教えてくれた。

相馬は、ミシンを買い、自分で洋服をつくった。ファッションの仕事もいいなあ、と考えるようになった。

昼間はペンキの仕事をして、夕方六時に家に戻って作業着からおしゃれな服に変身、横浜や渋谷に遊びに行く日々。目的はナンパである。

父はつねづね言っていた。「男はもててなんぼや。ベルトと靴はいいものをしろよ」。弟も家業に入ってきた。「兄ちゃん。仕事ねえよ」と言ってきたが、「なんとかなるよ」といなしていた。

ところが……。

相馬が二二歳のときの、とある夜だった。父が二階にある相馬の部屋にあがって来た。いつも威勢のいい父が、このときは、くしゅんとしている。

「おやじ、どうしたの?」「もうあかん。仕事はないし、借金がふくらんでしもうて、返せんわ」。

家は抵当に入っていた。このままでは、家を手放し、一家離散、なんてことになるかも。うすうす、相馬は感じてはいた。母が、いつも「胃が痛い、胃が痛い」と言っていた。仕事が半月ないことがあった。そんなときは、相馬はほかの親方のところでペンキを塗っていたのだけれど、親方は言っていた、「おまえんとこ、きついんじゃないか」と。

相馬家のピンチである。ぜったい家族を守ってみせる。相馬はファッションを捨てた。弟との二人三脚の日々がはじまる。

ふたりは、日銭が稼げる現場に、どんどん出た。だれよりも早く現場に行き、だれよりも遅くまでペンキを塗り、人がいやがる後片づけもした。冬、現場監督に温かい缶コーヒーをもっていった。夏は、冷たい缶コーヒーをもっていった。

そんなとき、いつもこう声をかけられた。

「おまえら、若いのによくやってるな」

そんな声をかけられているうちに、相馬は悟った。

若いことはデメリットだと思っていた。でも、人並み以上のことをしたら、若いのに頑張っているとほめられる。これだ!

ふたりは、若いのに頑張る、を徹底した。すると、塗ってくれないか、という注文が来るようになった。だが、ふたりは飛びつかなかった。仕事をしたのに代金を払ってくれない、というケースがよくあることを知っていたから。

注文先から名刺をもらうと、ふたりはその住所に必ず行った。そして、注文主を家まで尾行する。

注文主がマンションやアパート住まいのときは、仕事をことわった。夜逃げされたら代金を踏み倒されてしまうから。

一軒家でも、小さい自転車や靴があるかどうかをチェックした。ないときは、ことわった。

夫婦だけなら、夜逃げはたやすいから。

小さい自転車や靴があったときだけ、仕事を引き受けた。子どもがいるなら、かんたんに夜逃げはできないだろうから。

兄弟そろって、フル回転で仕事をした。でも、相馬の心には、ひっかかることがあった。

それは、自分はいつもなめられている、という思いだった。

実は、相馬は、やわらかくてやさしい声の持ち主である。日常生活には、むしろプラスだろう。

ところが、仕事ではマイナスだ、と相馬は思った。

作業の代金をもらうとき、やさしい声で、「ありがとうございます」「すいません」と言っていた。仕事をしたのだから、カネをもらうのは当然だ。でも、自分が卑屈になっているように聞こえた。

注文主から、高飛車に怒鳴られたこともあった。こっちに非がないのに、なぜかこっちが怒られる。

相馬は思った。

〈自分に風格がないから、なめられるんだ。でも、どうすれば風格ってつくんだ？〉

考えて、考えて、考え抜いて。よし、これだ！

相馬は、薬局に走った。そして、毛はえ薬を買う。そして、鏡を見ながら薬を塗った。

どこに塗ったのか。頭ではない。口の上の部分に塗ったのである。口ひげをはやせば、風格がでると考えたのだ。

それまでつるつるだったけれど、じょじょに毛がはえてきた。そして、へ〜んしん、口ひげの男完成、である。そんな二二歳からずっと、相馬は口ひげをたくわえている。

相馬の姉は、銀行員だった。ぜいたくひとつせず、お金をためていた。そのお金で、家業の借金を返していた。相馬家は、団結力がきわめて強い。相馬たち兄弟は、しっかり稼ぎ、姉に出してくれたお金を返していった。

二五歳にして、安心して眠れるようになった。これで大丈夫だ、と一息ついた。もっとも、夜遊び、ナンパも続けていた。

そして、二七歳。相馬は、ローンで四五〇万円のオープンカーを買った。これで、ナンパは楽勝さ、と思った。

ある女性に興味があった。彼女に、オープンカーに乗らないか、と声をかけた。

「私、車とか時計とか、興味ないんだよねえ。時間を楽しめない人、だいっきらい」

彼女の言葉が、相馬の心を打ち抜いた。

この人をしあわせにしたい。それには、見せかけの男ではだめだ。しっかり稼ぐぞ。そして、この人と時間を共有していくんだ！

ほどなく、彼女と結婚した。まだまだ下請けの仕事が多かった。でも、お客さんからの仕事を直接引き受ける元請けの仕事も増えていった。

ペンキの仕事に自信をもちはじめた相馬。とあるホテルで、あるペンキメーカーのイベントに出かけていった。

ロビーで、いかつい男が、たばこを吸っていた。この人も、口ひげをたくわえていた。その筋の人かな、と相馬は思った。

そしてイベント。そのおっかなそうな男が、表彰されている。この人もペンキ屋だったんだあ。

名刺を交換した。鹿児島市にあるペンキ屋「西谷工業」の社長、西谷誠《にしたにまこと》とあった。のちに相馬も西谷も、塗魂ペインターズに入る。そして、相馬は、西谷を「第二の父」と慕うようになるのだが……。

それは、少しあとのことなので、西谷という男の半生を振り返ろう。

◇

一九五八年といえば、東京タワーが完成し、長嶋茂雄がプロ野球デビューした年。その年の三月、西谷は、鹿児島は大隅半島にあるたばこ農家に生まれた。

子どものころから農作業を手伝わされた。苦痛だった。なので、野球やバレーボールが好きな少年になった。中学では野球部に。速い球にどうしても振り遅れ気味になる。だったら、それを得意にしようと、流し打ちばかりした。

英語が好きだった。ビートルズのレコードなどをいつも聞いていた。

高校に入る。夢は、航空管制官。飛んでいる飛行機に着陸の指示などをだす仕事である。でも、卒業するころには、夢は税理士、に変わっていた。名古屋の会計事務所に就職し、夜間は、専門学校で勉強した。

会計事務所の仕事は、精神的にこたえた。一日中、伝票とにらめっこ。税理士志望者たちが働いているのだけれど、みんな顔色が悪い。胃が痛い、胃が痛い、という人が続出。なめくじを食べたら治ると聞いて、なめくじをオブラートにつつんで口に放り込み、お茶といっしょにゴックン。

そんな生活を二年続けていたら、父から、鹿児島に帰ってこい、と命令がくだる。

西谷は、「帰るのはいいけれど、たばこ農家は継げん」と言い返した。

地元の団体職員になることに。さまざまな助成金申請の仕事をした。業務をまじめにこなした。けれど、どうしても我慢できないことがあった。

課長が、あまり働かない男だったのだ。

課長だから、西谷たち部下を怒ることがある。まあ、それは、よしとしよう。

ところが、この課長、仕事もせず、自分は漫画を見て、新聞を読んでいるだけだった。

それでも、西谷は我慢した。でも、半年ちょっとで、我慢も限界寸前になった。

ある日、その課長が、西谷たちを、ぼろくそに叱っていたときのことである。西谷は、頭の中で、何かがプチンと切れた音を聞いた。

「あんた、仕事しないで文句ばかり言っている。ふざけるな！」

そう口にした瞬間、西谷の強烈なパンチが、課長の顔面を打った。

「こんなとこ、辞めるわ」

そして、団体を去った。西谷が上司を殴りつけたという噂は、せまい田舎なのですぐ広がった。もうここにはいられない。

西谷は、鹿児島湾をわたり、鹿児島市に引っ越した。ちなみに、西谷の妻は、職場で知り合った同級生の姉。彼女は、出納係をしていた。

鹿児島市で、大工、左官、ペンキなど、いろいろな仕事をした。仕事をしながら技術や知識を身につける、いわゆるオン・ザ・ジョブ・トレーニング、というやつだ。

そうして一九八二年、西谷は二四歳で独立、いまのペンキの会社をつくった。

独立したからといって、とんとん拍子にいくはずもない。

妻とおさない娘を、実家に返す。そして朝から真夜中まで、働きづめに働いた。半年で何とかなるようになり、妻たちを呼び戻す。

会社をつくってから、いろいろ大変なことがあった。たとえば、こっちは仕事をしたのに、代金を払う前に逃げられたり、払えないと開き直られたり。三食カップ麺、という暮らしを強いられたこともあった。

西谷は、見た目は、ちょっと怖い。でも、話してみると優しい「親方ひげちゃん」である。独立してまもないころ、お客さんから「落ち着いて見えた方がいいよ」と言われた。妻に相談し、少し貫禄をつけるために口ひげをはやしたのである。

そして、モットーはこれ。

「外壁や屋根の塗り替えを一〇年ごとにする時代は終わりました。一度の塗り替えで、長く美観を保ち、むだな出費をおさえましょう!!」

西谷は思うのだ。

ペンキ塗りの仕事は、世間から、自分の足跡を残していいとお墨付きをいただいたということだ。自分の足跡が、適当な仕事で一〇年もたずに消えてしまってもいいんか？

西谷は、ペンキ塗りの技術を磨いてきた。そして、会社にショールームをつくり、お客さんに分かりやすい会社を目指してきた。

業界の仲間たちと、「日本塗装名人社」という会社をつくり、その代表にもなった。全国それぞれの地域にある、誇れるペンキ屋を紹介する会社である。

西谷は職人歴三〇年とあって、業界に顔が広い。つねづね塗魂ペインターズに入りたいと思っていた。「名人社」にも、塗魂ペインターズのメンバーがいた。

ペインターズが本結成になる一年ほど前、西谷は入会した。会長の安田啓一、事務局長だった池田大平から、大歓迎された。

西谷はそれまでも、地元のゴミ拾いなどのボランティアをしたことがある。でも、いつも思っていたのだ。

〈みんな、しぶしぶやらされている。顔がにこにこしている人、おらんなあ〉

塗魂ペインターズのボランティアに参加してみた。みんな、にこにこ、スマイルだ。

熊本でペインターズの活動をしたとき、ボランティア先から、こんな風に言われた。

「ペンキ屋さんって、すごいんですね。私たち、ペンキ屋さんたちをなめていました」

「悪たれたちの集まりの代名詞、それがペンキ屋のイメージでした。でも、すごいんですね。ごめんなさい」

いっしょにペンキを塗った子どもたちも、口々にいう。

「お兄ちゃんたち、すごいね」

西谷は、ペンキ屋が人を感動させられることに、感動した。

そして、塗魂ペインターズのメンバーを増やしたいと思った。気持ちは、安田や池田と同じだった。

そんなときに、西谷は、ホテルでの表彰式で相馬と出会ったのである。

口ひげ同士である。そして、西谷の目に、相馬は、どこかのダンスグループに所属するパフォーマーに映った。

〈そうか、こんなおしゃれなヤツも、ペンキを頑張っているんだ。頼もしいなあ〉

そして……。

◇

相馬と西谷の初対面は、名刺交換だけで終わった。相馬は、ネットでペンキ屋についていろいろ検索した。そして、塗魂ペインターズにたどりついた。

ここに入れば、いろいろな人に会える、と思った。でも、あきらめた。

一級技能士をめざせ、ホームページをもて、などなど、入会したら目標にしなくてはならないことが書かれていたのを見て、だめだこりゃ、と思ったのだ。

でも、なにくそとも思った。ひとつずつ条件をクリアする準備を進めようと考えた。

そのころ、池田や安田、そして西谷らは、メンバーを増やすことを検討していた。

西谷が、神奈川におもしろいやつがいる、と推薦した。それが、相馬だった。

池田が相馬と連絡をとった。相馬が「いまは無理ですよね。これから入会できるよう頑張っていきます」というと、池田は、「あなたを特別枠で入れます。よろしくね」。

二〇一二年、相馬はメンバーになった。塗魂の集まりで、相馬と西谷は再会した。

「おぼえていますか?」

「おぼえてるさ。きみをダンサーだと思った」

「あのお、鹿児島に行っていいですか?」

相馬は妻といっしょに、鹿児島に行った。西谷が会社のショールームを見せてくれた。決算書だとか、さまざまな資料も見せてくれた。観光地も案内してくれた。西谷夫妻と相馬夫妻での食事会。さつまあげ、黒豚、ばかうまだった。

相馬は、西谷のことを、第二の父、と思うことにした。西谷のおやじ、と呼んでいる。

相馬のはじめてのボランティアは、大阪であった。両親の故郷なので、いっしょに夜行バスで行った。家族いっしょにペンキを塗った。子どものころのことが思い出された。

塗魂ペインターズに入るまで、相馬にとって、ペンキ塗りは生きるための術、でしかなかった。

でも、ボランティアをして思った。

〈おれ、ペンキ塗りが好きだったんだなあ〉

相馬は、ボランティアを続けていこうと思った。それには、何がいるのだろうか。

売り上げだ。

そのころ、相馬の会社の年商は二〜三〇〇〇万円だった。これでは、全国のボランティアに行きつづけることができない。

塗魂ペインターズのメンバーたちに、いろいろ教えてもらった。原価計算の方法、粗利益の出し方、ホームページのつくり方、などなど。

売り上げが伸びていった。二〇一五年で年商八〇〇〇万円に。一億円の大台が見えてきた。

強くていい会社にしなくては、塗魂ペインターズのみんなの顔に泥を塗ることになる。

〈ペンキ屋が、ペンキでなく泥を塗るなんて情けない。だから、頑張らなくては〉

相馬は、塗魂ペインターズが活躍すればペンキ屋の社会的地位が上がる、と信じている。塗魂ペインターズが業界を変える、と思っている。

たとえば、美容師がフェラーリに乗っていたとする。世間は、かっこいい、と思うだろう。

建設屋がフェラーリに乗っていたら、世間は、どう思うだろう。なんか悪いことをして儲けたんじゃないか、と思うかもしれない。

じゃあ、ペンキ屋がフェラーリに乗っていたら、世間は、どう思うだろう。そもそも、似合わない、と笑われるだけだろう。無理しちゃって、きっと借金まみれさ、と思われるかもしれない。

ペンキ屋のイメージは、いまはまだ、汚くて、ださくて、ギャンブル好きで、というのが関の山だ。

でも、塗魂ペインターズが活躍すれば、全国、いや世界をカラフルにして笑顔であふれさせることができれば、きっとペンキ屋は、美容師のようなイメージになれる。

かつて、ファッションをかじったことがあるからこそ、相馬はそう思う、いや、信じている。

◇

そして、二〇一五年、ハワイでのボランティア。相馬も西谷も、夫婦で参加した。いつも四人いっしょに行動した。

相馬夫妻にとって、ハワイは四回目だった。それまでの三回は、もちろん観光で。ふたりの思い出がいっぱいある地で、ペンキ塗りをした。

すべてのボランティアを終えた。相馬は、ハワイの海に沈む夕日を見て、感慨にひたった。海のはるか向こうにいる両親を思った。

おやじ、おかん。相馬家がしてきたペンキ塗りが、とうとう、海をわたってここまで来たぞ。

おやじ、おかん。それってすごくないか?

第6章◉白いペンキは、魔法の塗料

塗魂ペインターズのボランティアで、よくつかわれている白いペンキ。この本でも何度か登場した白いペンキ。

このペンキ、不思議なのである。

たとえば、このペンキを、天井や内壁など建物の内部に塗ったとする。さむーい冬の日に室内を暖房すると、塗ったところの温度がすぐに上がる。そして、室内に赤外線を行き渡らせるので、部屋があったかーくなる。

だから、塗魂ペインターズが北海道の夕張市でのボランティアで塗ったのだ。

また、このペンキを、屋根や外壁など建物の外部に塗ったとする。すると、あつーい夏の日、太陽の光をはねかえして室内の熱の発生を抑える。残った熱も、遠赤外線によって外に逃がす。そんな効果があるので、室内が暑くなりすぎることをふせぐ。

塗魂ペインターズがハワイの高校で塗ったのは、そのあたりに理由があるようで……。種明かしは最終章で。

さらに、建物に塗ると、自動車や電車など外からの音の侵入を抑えることができる。人の話し声や生活をしていて出る音が外へ漏れることも、抑えることができる。

さらにさらに、このペンキを天井や内壁など建物の内部に塗ると、臭いや小さな物質の浮遊を抑える。なので、消臭もするし、室内の空気をきれいにしてしまうのである。

魔法のペンキの名は「ＧＡＩＮＡ（ガイナ）」という。

こんな魔法のペンキを開発したのは、どんな会社だと思うだろうか？

カネも人材もたくさんいる大企業だろうか。そんなこと、あるわけない。大企業は、つくらないし、つくることもできない。なぜなら、開発への情熱がないから。あらかじめ大きな売り上げを見込めないと開発にゴーサインがでないから。

東京の都心から、北西へ地下鉄で二〇分ほどいった板橋区にある「日進産業」。従業員三〇人ほどの中小企業が、この魔法のペンキを開発したのである。

開発の経緯はというと……。

もともと、日進産業は、ずーっと塗料の開発にとりくんでいた。

そんなとき、日本のロケットや人工衛星などをとりしきる宇宙航空研究開発機構（ＪＡＸＡ）が、宇宙技術を民間企業に転用することを決めた。

ロケットが宇宙に出ていくとき、空気との摩擦でロケットの先端部分が高温になってしまう。それを防ぐ断熱技術を、ＪＡＸＡは持っている。

その技術を、民間企業につかってもらおうというのだ。

つかわせてくださいと手を上げたのは、数十社の大企業、そして日進産業だった。

ＪＡＸＡが各社の技術を審査していくうちに、多くの企業が撤退していく。手持ちの技術ではとても対応できないと判断したためだ。

そして、二〇〇五年、ＪＡＸＡは、日進産業を指名した。十数年にわたって断熱塗料の開発をしてきたとはいえ、中小企業がここまで高度な技術をもっているのかと、ＪＡＸＡの担当者は驚いた。

そして、二〇〇八年、「ガイナ」が完成した。

この本では、いままで、白いペンキ、と表現してきた。だが、厳密に言うと、みなさんが思い浮かべる水性のペンキではないのである。とーっても小さなセラミックの球を集めた高機能塗料、それが、白いペンキの正体だ。

灼熱の赤道付近や極寒の北極海などをとおる大型船。光熱費を抑えたいスーパーなどに、広く使われている。世界三七の国・地域に輸出もされている。

中小企業には、開発への情熱があるのだ。売り上げよりも、まず情熱からスタートしているのだ。それが大化けすることがある。そこに中小企業の底力がある。

ガイナをつくった日進産業には、情熱の男がいた。会社をつくった社長、石子達次郎《いしこたつじろう》。一九五四年、マリリン・モンローが来日し、映画『ゴジラ』が封切られた年に生まれた男である。

石子が大学生のころは、第二次オイルショックのころで就職先がなかった。

石子は、建設会社の資材センターでバイトをしていた。ある日の休憩時間、いっしょに働いていたおじさんたちから、言われた。

「石子くん、きみは大学を卒業したらどこに就職するんだい？」

就職口がなかなかないことは、分かっていた。でも、何か言わなければかっこわるい。

そこで、石子は、とっさにこう言っていた。

「就職しません。ぼくは、自分で商売をはじめるんです」

そして、大学在学中に会社をつくった。鍵の交換の仕事からのスタートだった。資金は、消費者金融から借りるしかなかった。

次に、家具の組み立ての仕事。製鉄会社の自動倉庫づくり、なども手がけた。三二歳で、小さな機械工場をつくった。

そして、いろいろな工場の製造ラインの無人化の仕事をしていく。

すると、ある客から、予算が四〇〇万円あまったから工場に断熱材をつけてくれないか、という話がきた。

断熱材を工場の外壁にはりつめればいい。ただ、はるスペースの関係で、その断熱材は厚さ五ミリ以下でなければならない、という制約がついた。

五ミリで断熱、そんなの無理だと思った。めちゃくちゃカネをかければ何とかなるかもしれない。けれども予算をはるかにオーバーしてしまう。これはだめだ、と石子はあきらめかけていた。

しかし、不思議なことが起こるものだ。なんとかしたいと考えぬくと、ひらめきのきっかけが訪れることがある。

ある日、新聞の折り込み広告が、家の窓ガラスの近くに散らばっていた。太陽の光が、窓から差し込んでいた。そこに、自動車の広告があった。ほぼ黒いその広告を片づけようと思って、石子は手に取った。

〈おや、この黒い広告、熱くなっているぞ〉

黒が太陽の光の熱を吸収したのである。おそらく小学生でも知っていることだ。けれど、あらためて気づくことが大切なのだ。それが、発明の源である。そして、それを応用しようと発想を変える、ここがすごい。

石子は、黒い広告の上に白い広告を乗せ、窓ガラスのところにおいた。一〇分後、白い広告を触ってみる。熱くない。黒い広告も熱くない。

工場の建物を白いペンキで塗ったらいいんじゃないか！

そして、工場に白いペンキを塗った。工場内の温度が三度下がり、客は大満足である。

でも、石子は満足できなかった。もっとすごいペンキをつくりたい、と思うようになった。

石子はそう考える。そして、考えを深めていく。

〈地球上で一番白いものって何だろう?〉

〈それは……、雪じゃないか?〉

〈でも、雪って、本当は白じゃないんだよな?〉

顕微鏡でみたら、雪は透明な結晶体の集まりである。これも、小学校の教科書に載っていることである。

〈それだ！〉

そうして、透明で極小の特殊セラミックのビーズを配合した塗料を開発しはじめた。

これを、車のガレージで、ひたすら試し、改良に改良を加えていく。さらに練りに練り、JAXAの技術も活用して完成させたのが、ガイナだ。

でも、つくってみたものの、何年も売れなかった。効き目を説明しても、「うそをつくな」

と灰皿を投げられたこともある。

けれど、口コミでその効果が広がった。しっかりとした実験でデータをとり、経済産業省もお墨付きを与えている。

石子の会社は、従業員三〇人ほど。販売会社は地域ごとに別会社にしていて、すべて合わせたグループ年商は三〇億円。信用調査会社「帝国データバンク」からもらっている評点は、六〇点を越える。この評価の会社がもし倒産したら、評価したデータバンクの担当者の首が飛ぶ。それほど、高い評価をえている。

なぜそんなに評価が高いのだろうか。石子がいう。

「銀行に行ってもオカネを貸してくれない時代が、長く続きました。でも、社員への給与支払いを遅らせるものかと、必死でした。それが、うまくいっていることにつながっているのだと思います」

◇

このガイナの販売を、中部地方で任されているのが「日進中部」の社長、滝川忠理《たきかわなりよし》、である。

とにかく明るい。塗魂ペインターズの会議、懇親会などでバカをするムードメーカーである。そして、塗魂ペインターズとガイナのつなぎ役である。

一九七二年は、もりだくさんの出来事があった。札幌オリンピックがあった。連合赤軍による「あさま山荘事件」があった。沖縄が日本に返還された。

そんな年に生まれた滝川は、四人きょうだいの次男。父は工務店をいとなむ大工だった。やんちゃな少年、ガキ大将だった。父は厳しかった。悪さをすると、裏山の木にしばられた。

中学で、ぐれた。眉毛にそりこみを入れた。ふたつ上の兄がいたので、はじめは上級生から守られた。でも、中学二年に上がると兄が卒業してしまったので、殴られる日々になった。カネをもってこいとも命令される。

なにくそと思って我慢した。すると、「おまえ、根性あるじゃないか」と先輩たちに認められるように。二年生を仕切るようになった。

三年生になった。ふつうなら学校全体を仕切ることができる立場になるはずだった。ところが、学校にたばこが落ちていたので何げなく拾ったとき、その様子を、たまたま教師が見ていた。だれが吸ったんだ、と教師が問題にした。

滝川が教師にちくった、と疑われてしまった。滝川は完全に仲間はずれにされた。けんかが強かったので手を出されることはなかった。でも、「先輩が裏山で待っているってさ」などと言われて行ったけれど、先輩はいない。そんな嫌がらせを受けつづけた。

定員割れで受験すれば合格、という工業高校に行った。級友の三分の一は暴走族だった。滝川も族に入った。四輪に乗ってぶっ飛ばした。警察のやっかいにもなった。

でも、級友たちは、愉快な連中ばかりだった。ねちねちと嫌がらせをするようなヤツはいなかった。

そして、就職。大手ゼネコン会社に就職した。入社試験は、鉛筆転がし、で回答した。それで採用なんだから、おれってすごくね?

同期は六〇人。みんなと言い合った。

「有名なゼネコンに入社した、おれたちって、すごくね?」

東京の本社で研修することに。滝川たちは、口々に言っていた。

「おれ、社長になる」「いや、おれが社長になる」。

うきうき気分も、まもなく消える。自分たちは勘違いしていた、という現実を知ることになるのである。

研修がはじまって二〇日ほどたったころだった。研修会場に、スーツをびしっと着こなした集団がいた。滝川たちより少し年上だろうか。

六〇〇人もの大卒新入社員だった。この人たちは、総合職だという。

〈だれ、こいつら？〉

滝川たちは、自分たちは専任職だ、と教えられた。

全国転勤がある総合職とちがい、専任職は、支店枠の採用。滝川は、名古屋支店に採用されたので、支店の担当地域から出ることはない、ということだった。

〈なーんだ。じゃあ、夢も希望もないわ〉

そう思いつつ、滝川は名古屋支店に配属になる。ただ、一日が楽しく終わればいいや、とだけ思って過ごしていた。でも、元気がよくて、ムードメーカーだったので、みんなにかわいがられた。支店のビルの上層階にラウンジがあった。そこで、毎日、たのしく飲んでいた。

そのまま何事もなく過ごせるわけが、ない。

二年目を迎えたときだった。支店長だったか副支店長だったか、滝川の記憶は定かではないけれど飲む機会があった。

そいつが、いやなヤツだった。そして、偉そうに言うのである。

「おまえらは会社の駒みたいなもんだ。文句をいわずに働いていればいいんだ」

確かに、大卒エリートたちがわんさか集まる大企業にいる、ひとりの専任職の平社員である。言っていることは間違ってはいないのだけれど、あまりの思い上がりの言葉である。滝川は切れた。「ふざけんな、ばかやろう」。

暴力をふるったのではない。口ごたえしただけである。

でも、一週間後、山の奥、ダムの建設現場に移動になった。本当に、エリートたちには小さい人間がいて、始末が悪い。

滝川がいたゼネコンは、ビル建設には強いが、土木現場には弱い。そして、土木の人たちを下に見がちな会社だった。とくに、山奥のダムの建設現場など、だれも行きたくない場所だった。

そこの現場監督をすることになる。作業スタッフは五〇人くらいいた。けれど、みんなお互いにしゃべらない。しーんとしている。

これはまずい。ムードメーカー滝川の心が、むずむずしてくる。仕事はそこそこにして、氷のようなつめたい雰囲気を解凍しようと思った。

「飲みに行きましょ」「飲みに行きましょ」。

ダム建設がなされている地域には、飲食店は何軒もある。みんなでわいわい。滝川は、お祭り男として盛り上げた。

建設現場の所長には、飲み代をください、という稟議書を上げた。所長は笑っていた。「飲み代請求の稟議書なんかはじめてみたぞ。おまえ、おもしろいやつだな」。

ダムがだんだんできあがっていく。作業スタッフが、ひとり、またひとりと現場から去って行く。そして六年、ダム完成！　滝川は、最後まで見届けることができた。所長の計らいだった。

次に配属されたのは、高速道路のインターチェンジにあった事務所だった。ここでは、パソコンでいろいろ入力するのが仕事だった。滝川の、いちばん苦手な仕事だった。

滝川は、会社をやめます、と宣言した。まわりは引きとめてくれた。滝川に向いていそうな現場への異動も提示された。けれど、口にした以上はやめます、と退社した。

ゼネコン生活は一〇年でおわった。

もっとも、次の働き口にあてがあったわけではない。なので、兄がしていた建築会社にころがりこむ。そこで使っていた塗料が、石子がつくったガイナだった。担当として、日進産業と縁を深め、滝川は、石子に中部地方でのガイナ販売をまかされた。

愛知県内のとあるペンキ屋がガイナのことを批判している、と聞いた。

黙っていることはできない。なので、そのペンキ屋にアポなしで会いに行った。女性事務員と思われる人が応対したが、「社長は外出していて、いまいない」という。何度も訪ねるが、同じだった。

八回目いや一〇回目めだろうか。きょうもいないという。「また来ます」と言って、腹が減ったので、近くの飲食店でカレーを食べていると、携帯電話が鳴った。

あの女性事務員と思われる人からだった。「いまなら、います」。

そのペンキ屋に戻り、そこの主と会った。その男の雰囲気に飲まれてしまった。大きな声には、有無をいわせない迫力があった。それでいて、笑顔もいい。

滝川は、ガイナについて、その男の疑問に答えていった。男は、「分かった」とひざをたたいた。

その男が、続けた。

「塗魂ペインターズというボランティア団体があるんだけど、ガイナを格安で提供してくれんか」

「わかりました」

滝川は即答していた。

すっかりその男のファンになってしまった滝川。塗魂ペインターズのボランティアにしょっちゅう参加し、ムードメーカーぶりをいかんなく発揮している。滝川は思っている。「この人たちにだったら、もう命を捧げてもいい」。

ちなみに、滝川がとりこになったしまった男とは……。塗魂ペインターズをつくった中心人物、池田大平である。

そして、女性事務員だと思っていたのは、池田の妻、吉田恵子《よしだけいこ》。塗魂ペインターズのメンバーからは「恵子ねえさん」として全幅の信頼を得ている人である。彼女には、最後のエピローグの中で登場してもらう。

◇

滝川から塗魂ペインターズの話を聞いた石子は、できるだけガイナを無償で提供しようと考えた。

自分も、作業員からスタートした。作業員の気持ちのつらさ、肉体労働のつらさを、よく知っている。

肉体労働をする人間たちは、その日を生きてくのに精いっぱいなはずだ。かつての自分もそうだった。

なのに、社会貢献をしようというのである。売り上げがあって余裕がある、わけではない。

なのに、ボランティアでペンキを塗っている。

自分は、ガイナという塗料はつくっている。本当なら、自分で塗りに行きたい。でも、それは自分にできることではない、技術もないし時間もない。

〈だったら、ただでガイナを提供しよう、塗魂ペインターズに塗ってもらおう!〉

石子が板橋のガレージでガイナづくりに苦闘していたころから、石子と親しかった男がいる。

板橋区議の松島《まつしま》みちひさである。

日本では、自由民主党と日本社会党による五五年体制がスタートする。世界に目を転じると、ワルシャワ条約機構ができて東西冷戦が激化する。

そんな一九五五年に、松島は生まれた。大学を中退して板橋区で学習塾を経営、一九九五年に区議に初当選、その後も当選しつづけている。

そんな松島は、塗魂ペインターズの応援団長、のような存在である。自治体などとの交渉を、松島が買ってでている。実は、次章で種明かしをするハワイでのボランティア実現も、松島がハワイ州などにかけあったことが大きかった。

松島は、全国のボランティアに顔をだしている。塗魂ペインターズのメンバーに板橋の住人は、いない。つまり、松島が応援したところで、区議会議員選挙で得票が増えるわけではない。なのに、なぜ松島は塗魂ペインターズを応援するのだろうか。

「ぼくは政治家です。ぼくも世の中のために頑張っているつもりです。でも、塗魂ペインターズが世の中を変えてくれると考えているんです」

「ペンキ塗りは、本当は役所がお金を出さなくてはいけない仕事なんです。でも、予算に余裕がない。そんなとき、駆けつけてくれる人たちがいる。しかも、ボランティアなのですから。こんなすごいことってありません」

石子と松島は、日本という政府が、人の思いをぶちこわす共通の経験をしている。

それは、東日本大震災の被災地、宮城県の女川町でのことである。

被災者が暮らす仮設住宅。夏は暑く、冬は寒い。避難生活は大変である。エアコンの電気代を、できるだけかけさせたくない。

だったら、ガイナを塗ったらどうだろう。石子はそう考えていた。

被災地を何度もめぐっていた松島と、女川でばったり会い、一杯飲むことになった。

そこで石子は、こんなことを言った。

「実は、仮設住宅にガイナを塗ることはできない、と言われている」

町役場は、ぜひ塗ってほしいと考えていた。ところが、国がストップをかけたのである。仮設住宅は国の所有物だから、勝手に塗ってはならぬ、というお達しが来たのである。

のちに、その女川町にある仮設商店街で、塗魂ペインターズはボランティアをした。仮設商店街は、民間のもちもの、国にとやかくいわれる筋はない。そして、地域の人たちは笑顔でいっぱいになった。

石子も松島も、思っている。

ペンキ屋たちのボランティアが、きっと日本を変える！

◇

石子、滝川、松島。この章に登場した三人とも、塗魂ペインターズのメンバーではない。なぜなら、ペンキ屋ではないから。でも、メンバーたちの志に共感し、そして、いっしょにいるのが好きなのである。

塗魂ペインターズが、なぜハワイでボランティアをしたのか。
それを解き明かす前に、あと少しだけ、憎めない男たちを紹介させてもらいたい。

第7章◉デコピン、逃避行……愛すべき面々

いままで登場した以外にも、塗魂ペインターズには愛すべき純情なメンバーがたくさんいる。すべての人生に、ドラマがある。すべてを紹介したいところだが、それでは本一冊では足りなくなる。なので、あと四人だけ。

◇

千葉県の柏市の「ユウマペイント」社長、佐々木拓朗《ささきたくろう》、一九八五年生まれ。彼は、ちんけなプライド、略して「ちんプラ」を捨てた男である。

二歳のときに父と母は離婚、父に育てられた。大工一家だった。なので、保育園の卒園アルバムには、大工になる、とかいた。

父は佐々木に言った。「強い男になれ、そして、弱い者をまもれ」。

保育園から中学まで、ずっと頭をはっていた。保育園のときは、佐々木隊長、というあだ名があった。先生に怒られるのが納得できず。昼寝の時間、ひとり保育園を抜け出しては困らせた。

小学校でも、親分風を吹かせた。

中学では、サッカー部に入った。ところが、同級生たちが、先輩のためにボール磨きをさせられる。先輩たちが練習する前のグラウンド整備をさせられる。

日本の部活動では、ごくふつうのことだ。でも、佐々木にとっては、これが我慢できないのである。

〈ふざけるな、おれたちはサッカーがしたくて入部したんだ〉

佐々木は、中学二年の先輩たちに、やわらかく抗議した。

「自分たちが練習するんだから、自分たちでグラウンドを整備したらいかがですか」

先輩のためのグラウンド整備、をしなくていいことになった。同級生たちは、佐々木に言った。「ありがとう」「ありがとう」と。

ある朝、佐々木が少し遅れてグラウンドに行くと、同級生たちがグラウンド整備をさせられている。佐々木は、二年に直談判にいく。

「おかしいじゃないですか」

「うるせえ、生意気なんだよ」

佐々木と二年部員たちとの、大げんかがはじまった。そして、佐々木が勝った。

一年のサッカー部員が二年に謀反を起こしたんだってさ。この知らせが二年の番長たちに届く。

一時間目が終わっての休み時間。二年の番長たち二〇人ほどが、一年の教室に来た。

「佐々木拓朗ってのは、どいつだ？」

やられても仕方ない、と佐々木は覚悟を決めた。授業がはじまったが、教師の制止をふりきって、佐々木は連中の前に名乗り出た。

一対二〇だった。勝てるわけがない。けれど、二年もいいところがある。

「おれたちの中から、好きなやつとタイマンはれ」

言うまでもないが、タイマンは、一対一、ということである。

佐々木は言った。

「おれはサッカー部の上級生が気に入らないだけだ」

そうか、ということで、さっきやっつけたサッカー部二年とのタイマン。そして、佐々木の勝利。

二年生たちは言った。「正々堂々と、おまえはよく来たな。認めてやる」。

一年と二年の間に、不可侵協定が結ばれた。

手を結ぶんだ一年と二年は、三年に挑んだ。

こっちは四〇人、向こうは二〇人。けんかの結果、三年とも不可侵協定が結ばれた。

一年の夏の終わりには、こうして中学全校がひとつになった、平和になった。同級生たちからは、「たくろう、本当にありがとうな」と感謝されっぱなしだった。

ここで終わっとけばいいのに……。

はっきり言って、ヤンキーの漫画や映画の見過ぎである。ほかの中学にも挑んでいった。さらに、地元の柏市だけでは物たりなくて、松戸や鎌ケ谷といったとなりの市にも攻め込む。

勝ったり、負けたり。でも、ヤンキーで知られる「名門校」と肩を並べる存在になった。決していばれることではないのだけれど……。

佐々木は、高校に行くつもりはなかった。中学三年のときには、塗装の仕事をはじめていた。同級生たちは、高校受験をひかえて勉強しなくてはならない。

佐々木は、勉強する気など、さらさらない。授業中、校長室を開放してもらって漢字だけ覚えた。考えられないことだけれど、たばこ部屋も用意してくれた。

「そのかわり、佐々木。ほかの場所では吸うなよ。あと、下校してからは吸うな。そこは先生たちの顔をたててくれ」

「わかった、約束はまもる」

佐々木が好きな科目は、歴史。そのときだけ授業に顔を出した。

先輩たちが塗装屋で仕事をしていて、おまえ、することないんだろうからバイトに来ないか、と声をかけてくれた。校長に相談したら、そこの社長と話をつけてくれた。バイトにでたら出席扱いにする、ただし、しっかり仕事をしろよ、と。

中学を卒業して、バイトをしていた会社に入った。マンションにペンキを吹きつけるのが仕事だった。もちろん、下働き。マンションの下から上までペンキが入った缶を何十缶ともっていく。機械で吹き付けるので、あっというまになくなる。「おお、佐々木ちゃん、助かった」と言ってくれるのが、うれしかった。

みんなに、めちゃくちゃ可愛がられた。朝昼晩、三六五日、職人たちといっしょにいたので、食べさせてくれた。日給三〇〇〇円だったので、助かった。

まずは、段取りのスペシャリストになろうと頑張った。一八歳のとき、住宅のペンキ塗りの責任者になった。

ずっと先輩たちのことを見ていた。でも、自分で判断するとなると、頭の中がこんがらがる。

ここは右から塗るんだっけ、ええっと、左からだっけ?

悪戦苦闘の日々。お客さんは、優しいおばあちゃんで、いつもおにぎりをつくって持ってきてくれた。何とか作業終了。

佐々木の心は乱れていた。自分は必死にやったけれど、空回り。先輩たちがしている作業とは雲泥の差。ああ、自分がじれったい。おそらく、お客さんから、ダメだしを食らうのでは。ところが……。

「ありがとう、きれいになりました」

佐々木は、心の中で叫んだ。

〈ちがうんです。喜んじゃダメなんです。いっしょうけんめいにしましたけれど、ぜんぜんダメなんです〉

本格的に塗装の技術を学びはじめた。そして、二二歳で独立しようと思った。

独立の前の修行をしようと、目をかけてくれていた解体屋の社長のところに行った。そして、社長の運転手をする。

助手席にすわる社長。ふたつしか年上ではないのだけれど、ことあるごとに、佐々木の額を指ではじいた。いわゆる、デコピンである。

しょっちゅうやられる。けっこういたい。佐々木が、いらっとする。すると社長がいうのである。

「おまえ、むかついてんのか?」

「いえ、むかついてないです」

「言っとくけどな。おまえ、くずだかんな。社会のくずだ、かすだ」

心の中では、むかついている。

〈なんで、おまえにデコピンされなきゃならないんだよ〉

修行先を間違えたかな、と思った。

「おはようございます」

「おう、おはよう」。そして、デコピン。

そんな毎日が二カ月が過ぎたころから、くずだ、かすだ、と言われるのが快感になってきた。

佐々木は、ときどき、社長の指示することの先回りをするようになった。たとえば、午後三時にお客と会う約束があったとしたら、「社長、そこの通りで、うまそうなケーキ、買ってきました」。

すると、デコピンばかりしていた社長が、「おおそうか、さすがだな」。

佐々木は思った。

〈ちんプラ(ちんけなプライドのこと)なんか、いらねえんだ。そんなの何の役にもたたねえ

んだな。腹さえ決めれば、たいていのことはできるんだ〉

その社長は、有言実行の男だった。朝から晩まで、ずっと仕事をしている。会社に寝袋も用意してあった。なので、二四時間いっしょに行動したこともあった。

それまで佐々木が見てきた「社長」、それはパチンコ屋にいりびたる種族だった。

でも、ちがった。社長という仕事とは、そうやってするものだと背中で教えてもらった。

さらに、経理の仕方も教えてもらった。客先での立ち居振る舞い、書類の作り方も教わった。社長といっしょに飛び込み営業もした。

公明正大に、正しいことは正しいと主張し、わかりやすい生き方をしろ、と教わった。

そうやって修行して半年たった。会社に行ったら、社長が「あしたから来なくていいからな」という。「なぜですか」と聞くと、「いや、もう登記しろ」。

つまり、会社をつくって独立しろ、というのである。もう相手にしてくれない。デコピンをしてくれない。

仕方がないので、税理士を一〇社ほどまわって、一番いいなと思った税理士に、会社設立をしてもらった。

ユウマペイント。ユウマは、雄大な馬。坂本龍馬《さかもとりょうま》がすきで、龍馬ペイント、という社名も考えた。でも、さすがに、龍馬さまに畏《おそ》れ多い。なので、「龍」という字を、好きな「雄」という字に替えた。

「ちんプラ」を捨てた佐々木は、「守る」にこだわろうと考えた。約束を守る、仁義を守る、社員を守る、地域を守る……。

そして、中小企業家同友会という団体にも入っている。そこは、理想の経営者になるにはどうしたらいいかと、まじめに勉強している会である。

◇

山形県の上山市にある「ゆうき総業」。そこの社長、結城伸太郎《ゆうきしんたろう》（一九八〇年生まれ）は、非行に走ってしまった若者たちを、熱心に受け入れている。だから、この会社には「少年更生院」のニックネームがある。

中学のころ、尾崎豊が大好きだった。『15の夜』なんか、最高だ。

♪盗んだバイクで走り出す……

バイクを盗んで、堂々と走った。地球はおれのために回っている、なんて思っていた。

高校に入るも、またたくまに停学を続けざまにくらった。三回目の停学が決まってバス停でバスを待っていると、知人にからまれて大げんか。その男をボコボコにしてしまい、退学に追いこまれた。

「いやあ、若気の至りの連続で、恥ずかしいかぎりです」

一番後悔しているのは、運送会社でトラックの運転手をしていたときのこと。そこの社長とけんかしてしまい、荷物を配達しないままトラックを置きっぱなしにして、そのまま家に帰ってしまったことがある。

その社長に言われた言葉が、忘れられない。

「きみは一生ろくな人間にはならないよ」

人生の教訓である。

迷走の連続、サラ金に手をだしたこともある。

自分で人生、終わっていると思っていたとき、母親に「独立開業セミナーがあるから行ってみたら」とすすめられた。ペンキ屋で働いていた友人といっしょに行くことにした。結城は私服、友人は作業着で顔をだす。セミナー参加者はスーツの人ばかり。

講師の人から、ふたりは目をつけられる。

「きみたちは何をしたいの？」

とっさに、「ペンキ塗りです」と答えてしまった。

講師に紹介されたペンキ屋で働くことになった。きれいになっていくのが面白い。はけやローラーを握っているのが楽しい。

ペンキ塗りは奥が深い、と思った。師匠は、きれいにまっすぐ塗る。自分は、曲がってしまう。

家の天井を塗って顔にペンキがぽたぽた落ちてこなくなったら一人前だ、といわれた。結城は、けんめいに練習した。この仕事を真剣にマスターしようと思ったのは、生まれてはじめてだったかもしれない。

二四歳で独立した。いま、社員は二〇人くらい。塗装、防水、左官など、さまざまな資格を取らせている。いわゆる多能工になって、転職してもらっても、独立してもらってもかまわない。それで自分の会社がつぶれるのなら、それもまた本望だ。

塗魂ペインターズのメンバーとして、各地でボランティアをしてきて、考えに鋭さが加わっている。

「自分のことは、もうどうでもいいや。ほかの人がしあわせであれば、それが自分のしあわせだ。まじめに、そう思っています」

そして、社員にはこう宣言している。

「おれは、命をかけて、おまえらをしあわせにする」

◇

房総半島、千葉県は館山市にある「佐々木塗装」。そこの代表、佐々木《ささき》恒治《つねはる》（一九五八年生まれ）は、東京生まれの東京育ちだった。テキ屋の手伝い、ペンキ塗りなどをして暮らしていた。

三〇歳をすぎて、妻子持ちの女性と逃避行、逃げた場所が館山だった。

ところが、その女性が東京に戻ってしまった。ひとり館山に残る。はじめは、つりばかりしていたけれど、飽きてきてペンキ屋に就職、そして独立した。

「塗魂ペインターズのメンバーたちは、自分の恋人です」

◇

さいたま市の「原島塗装店」。そこの代表、原島信一《はらしましんいち》（一九六七年生まれ）は、元うどん職人。家業はペンキ屋だった。

高校を卒業して、調理師学校で日本料理を学ぶ。そして、店でうどんをつくっていた。

よく食べにくる女性に原島は猛アタック、交際がはじまった。

彼女が、家に遊びにいらっしゃい、と誘ってくれた。緊張しつつ訪ねたのだけれど……。

彼女の母親が怒鳴った。

「おたくのような家庭のところに、うちの娘はやりません。帰んなさい」

そして、塩をまかれた。

ペンキ屋への職業差別が、原島の心に刺さった。

「お父さん、どんな仕事をしてるの？」ときかれたら、しばらくの間、「建築関係です」と答えていた。それもまた、若気の至りということだろう。

でも、原島が二八歳のとき、父が交通事故にあってしまった。家業に入った。いまは、しあわせな結婚もしている。

業界に顔が広く、各地で講演することもある。塗魂ペインターズ結成の、影の立役者である。

「ペンキ屋は汚い仕事ではなくて、街をきれいにする大切な仕事なんだと、世の中に理解してもらえたらな、と思います」。

◇

最後に、二〇一六年春、地元が大変なことになってしまった男を紹介しよう。

阪神甲子園球場である高校野球。熊本市の遠山剛《とおやまつよし》（一九六八年生まれ）は、工業高校時代、そこの応援席で、クラリネットを吹きまくっていた。日本酒の醸造元、さらにホテルマンもするなど、ユニークな経歴をもつ。

もともと、父は映画の映写技師だった。映画会社を退職し、職業訓練校で塗装をまなび、ペンキ屋をはじめた。

裸一貫からはじめたペンキ屋。貧乏だった。遠山少年は、ひもじさをスーパーの試食売り場でもらうかまぼこで満たした。

友だちからよく言われていた。

「おまえの父ちゃん、めちゃくちゃ汚いね」

ペンキ塗りの仕事をしているのだから、あたりまえのことである。遠山が父にいうと、父は、笑った。

「汚い格好してるばってん、心は錦や」

遠山少年には、錦、の意味がわからなかった。

現場につれていってもらうこともあった。父の仕事の仕事がすむまで、遠山は遊んでいる。仕事がおわると、遠山は「父ちゃん、腹減った」という。父は、カップラーメンを買ってくれた。お湯を入れる。でも、箸がない。

父は、そのへんにあった木の切れっ端で、さっと箸をつくり、「これで、食え」。

そのラーメンのうまいこと、うまいこと。

小学生、中学生は水泳ざんまい。少し悪い遊びもおぼえる。父に夜遊びがひどいことを目撃されたら、木刀でたたかれる。客に出したジュースを飲んでしまったことがある。客が帰ってから、ぼこぼこにされた。

そして、熊本工業高校に入学した。男子校で強い男になろう、と思った。

部活は何をしようかと考えていたら、先輩たちから、「ちょっときみ、おいでよ」と呼ばれた。

「きみ、名前は？」

「遠山です」

「へえ。遠山くんて言うんだね。ちょっとおいで」

そして、言われる。

「きみの名前、漢字でどう書くのかなあ？　ここに書いてみてよ」

遠山剛と書いた。書いた紙、それが入部届けだった。楽譜がまったく読めない、音楽の成績は1しかとったことないような男が、とつぜんの吹奏楽部員である。

先輩たちは、やさしかった……。はじめのうちは。だが三カ月を過ぎたころ、ころっと変わった。先輩の言うことはぜったい、後輩は「はい」としか言えなかった。だから、吹奏楽部をやめることなどできるわけがない。でも、続けていくうちに音楽が楽しくなった。朝練だけで、くたくたになる。授業中は、ぐたーっとしていて、放課後、またブラバンである。

熊本工の野球部は強かったので、なんどか甲子園の応援席で、演奏した。

高校三年の進路選択。知人の紹介で、熊本のいなかにある日本酒メーカーに就職した。親の策略だった。とりあえず、遊べる場所が少ないところで働かせようと。酒の瓶詰めから営業まで、幅広くこなした。そこに二年、いた。

次に、福岡市のホテルマン。「おまえは人に頭を下げることができない。だから、人に頭を下げる仕事をしろ」と父の指令だった。

担当はフロント。お辞儀の仕方、声の調子、話し方のスピードなどを、鍛えられた。お客の期待の上をいくおもてなしをしなければ、お客に感動してもらえないことを知った。「また来るね」と言ってもらえることの大切さ、を知った。

これが、いまの遠山におおいに役立っている。お客に感動してもらい、塗り替えのときにまた頼んでくれる「リピーター」をつくることが大切なのだ。そうなれば、あたらしい客を紹介してくれることにもつながる。

ホテルマンを二年ほどしていた。すると、父が腰を痛めてしまって現場にでることができなくなっている、との知らせが届く。

家業に戻って修行をし、二〇一四年、遠山は社長になった。翌年、父はがんで逝った。

遠山は、塗魂ペインターズの九州地区の責任者である。

まさか、熊本で、あんなことが起きようとは……。そのことについてはエピローグにて。

◇

次章、最終章では、なぜ塗魂ペインターズがハワイに行くことになったのかを、ひもとくことにしよう。

最終章◉なぜ彼らはハワイに行ったのか

二〇一五年一一月。塗魂ペインターズのメンバーたちは、なぜハワイでボランティアをしたのか。最終章で、それを説明していこう。

まず、第1章で書いたことを思い出していただきたい。

塗魂ペインターズの生みの親である池田大平と安田啓一。このふたりが心をふるわせ、ボランティアに命をかけていく決意をしたのは、東日本大震災だった。

とくに、池田は、ことばにならないほどの衝撃を受けた。

そして、池田は公言することにしたのだ。

「おれは偽善者だ！　だから、ボランティアをしまくるのは、あたりまえだ」

東北の三陸地方が、灰色の大津波に飲み込まれていく。街の色という色が、消されていく。建物が、がれきとなる。そして、ついさっきまで赤々と燃えていたであろう人間の血潮が、その流れを止める。

テレビの映像に映る光景に、池田は立ち尽くした。映画なんてもんじゃないぞ。

在日として差別されたこともあった自分。

〈でも、そんなことなど、どうでもいいわ、日本の人たちのためになってやる、たとえ偽善者と言われようと〉

池田の思考回路が、ぐるぐると回る。

会社を経営している人、会社員をしている人、いろいろいる。

稼いだカネを何に使うか、それはそれぞれが決めることだ。

飲み歩いても、いい。高級クラブに行くのも、いい。風俗に行くのも、いい。

それぞれの使い道について、あれこれいう資格は、おれにはない。

だって、おれも、スナックやクラブに行った。下心がなかったかといえば、うそになる。いや、下心だらけだった。

でも、大震災の光景をみて、おれは考えを変えた。

もちろん、飲みに行く。けれど、自分の快楽のために酒を飲むのは、もうやめだ。

塗魂ペインターズの仲間とは、おおいに飲む。議論したり、おたがいに情報を交換したり。

そして、ボランティアへの活力を養うために、飲む。

でも、世の中のことをもっと考えなくてはいけない。

日本だけがしあわせでいいのか？　ちがう。人のしあわせ、世界の平和を考えなくてはならないんだ。

そんなことを公言すると、人はいうだろう、それは理想論だと。

〈理想論、上等だ!〉

大震災をきっかけに、社会におおいに目を向けだした池田。そして、二〇一五年がまもなく来るというころ、池田は考えていた。

〈戦後七〇年の二〇一五年。塗魂ペインターズだからできることがあるんじゃないか〉

池田は、安田たちと相談して、二〇一五年に必ずしなければならないボランティアの土地を決めた。

そこは、広島と長崎だった。

原爆によって多くの人が犠牲になった土地だ。そこでボランティアをして、原爆ドームや平和記念像の前で、平和への祈りをしなければ、気が済まない。

そして、二〇一五年、塗魂ペインターズたちは、原爆が落とされたふたつの地でボランティアをした。

池田は、展示されている原爆が落ちたあとの写真を見た。言葉がなかった。そもそも当時の写真なので、カラーはないのかもしれない。けれど、ぜんぶ白黒だった。白黒写真だからこそ、当時の悲惨な様子が心に迫ってくる。このとき、池田は思ったのだ。

〈世の中からカラーがなくなると、暗黒の世界になってしまう〉

〈おれたちペンキ屋は、色を売る仕事をしとる〉

〈だったら、おれたちが戦争に反対してもいいやろ。いや、おれたちには、その資格があるんやないか？〉

偽善者になったと公言する池田である。こじつけと言えば、こじつけかもしれない。笑いたければ笑え。おれは理屈じゃ動かん、思いで動く。

〈カラフルな街があっても、爆弾一個でおじゃんだ。暗黒の街になってしまう。戦争反対のメッセージを伝えていきたい〉

一方、安田は安田で、二〇一四年一〇月一〇日のペインターズ本結成のとき、宣言していた。

「世界の貧しい国に行って、ボランティア活動をします」

そして、ペインターズを支援してくれる人たちの力もあって、海外でボランティアする候補地が見つかった。

それが、ハワイだった。もちろん、ハワイは貧しいところではない。むしろ、裕福な土地かもしれない。そして、日本人が大好きな常夏の観光地である。

そこにボランティアに行くとして、どこに理由があるんだ……。

池田も安田も、すぐに理由を見つけた。こじつけ上等、戦後七〇年の二〇一五年だからこそ、行かなければならないんだ！

その理由とは……。

日本時間で一九四一年一二月八日未明、ハワイ時間で一二月七日。日本海軍による、真珠湾攻撃があった。アメリカの太平洋艦隊は大きな痛手を負う。多くの兵隊、そして民間の人たちが亡くなった。

この奇襲攻撃がきっかけで日米開戦。そして、戦火が拡大し、国家間での殺し合いがヒートアップする。そして、焦土となる日本、という悲惨な結末にいたることは、いうまでもない。

その真珠湾があるハワイで、ボランティアをする。そして、亡くなった方々をいたみ、平和を祈ってこよう。それで、ペインターズにとっての二〇一五年をしめくくりたい。

七〇年前、日本海軍は真珠湾を攻撃してしまった。軍隊の奇襲攻撃は、憎しみの連鎖を生み、戦争による殺し合いになった。

でも、庶民による真珠湾慰霊、いわば庶民の奇襲は、お互いを許し合い、思いやる絆を生み、平和につながるはずだ。

庶民中の庶民といえば、おれたちペンキ屋だ。

ペインターズによる平和の奇襲をしよう！

問題は、本当にできるかどうかだった。

第6章に登場してもらった板橋区議、松島みちまさに強引に頼んだ。そんなこと言われたって、松島にもハワイのつてがあるわけではない。けれど、池田たちの頼みには、答えないわけにはいかない。松島が中心になって、ハワイにつないだ。池田も、何度かハワイに飛び、ボランティアをしたいと力説してまわった。

そんなとき、ハワイの現地の新聞社から、池田あてに、こんなメールが来た。

ハワイ州の議会が、教育についてふたつのことを決めた、と。

ひとつは、夏の暑いシーズンは、授業は午前中だけにすること。もうひとつは、酷暑のシーズンは休みにして、授業開始を大幅に遅らせること。

地球温暖化のため、年々、常夏のハワイが暑くなっている。教室の室温は、四二度にもなる。さすがに、そんな教室で勉強はできない。授業を受けながら熱中症になりかねないなんて、非常事態だ。エアコンをつけることができればいいのだけれど、すべての州立学校にエアコンをつけるとなると、巨額の予算がいる。

そのため、付け焼き刃の対策を決めた、ということだった。メールは、こう結ばれていた。

「子どもたちから学習する時間を奪う、愚策です」

池田や松島はハワイに飛び、州の教育庁の人たちと相対した。

池田たちは、こう説明した。

「塗ったら暑さがやわらぐペンキがあります。それを、塗らせてください。ボランティアですから、カネはかかりません」

池田は英語がからっきしなので、通訳の口を通じての訴えである。

ところが、教育庁の人たちは、驚き、怪しんだ。

「日本のペインターズ（ペンキ屋たち）に、何の関係があるんだ、本当の狙いがあるんじゃないか?」

かちーーんと来た池田。

「メード・イン・ジャパンのすごさを見せたる、ということや。塗ったら暑さを軽減する塗料があるんや、それを世界に知らしめたいんや。こう言ったら、文句はないのか?」

「そんな狙い、これっぽっちもないわ。つべこべ言うな。塗ったら、生徒たちが喜ぶやろうが」

通訳が、どこまで英語に直しているか、池田には分からない。

さらに、池田は続けた。

「あんたらは、クーラーの効いた部屋で仕事をやっとるやろ。生徒たちは四二度んとこで勉強しとる。おまえ、いちどそんなところで教科書を開いてみい、ひっくり返るぞ」

「生徒の気持ちを考えたこと、あるか？　おれたちは生徒を喜ばしたいんだ」

「おまえら、もしかしたら、おれたちに偏見があるんやないか。子どもたちのためや、金髪も黒髪もあるか。ただでやるって言ってるんや。こういう申し出をことわるとしたら、そんなおまえらの気持ち、おれはぜったいわからん、いや、わかりたくもないわ」

池田は、通訳に言った。「ええか、言ったまま訳せよ」。通訳がどこまでハワイの面々に伝えたかは、わからない。

国際弁護士を通じて、こんな一筆を書くことになった。

「塗魂ペインターズという日本の団体が、ハワイでボランティアをする。一切の費用はいりませんし、永遠に請求しません」

こうして、ハワイでのボランティア実施、が決まったのである。

◇

二〇一五年一一月。安田は、羽田空港からのハワイアン航空便で、ハワイに向かった。「元暴走族と難病の女」（第3章）で紹介した金塚夫婦らとともに。

安田にとって、ハワイに行くのははじめて。というか、妻が台湾人なので、海外には台湾に行っただけ。つまり、はじめての遠出、である。

安田は、飛行機が苦手なのである。おそらく、子どものころ見た映画か何かで、飛行機は落ちる乗り物だ、と意識の中にすり込まれてしまったのだ。

およそ八時間のフライト。安田は、塗魂ペインターズの会長として、英語であいさつをしなくてはならない。なので、録音していた英文を、ひたすらイヤホンできいていた。

とにかく、緊張していた。塗魂ペインターズが、ハワイで平和の礎をつくる布石を打たなければならないのだから。それには、町のしがないペンキ屋が英語であいさつすることが、一番インパクトがあることなのだから。

安田は、英語が苦手。だから、日本語で書いた文を英語に訳してもらい、必死に覚えた。腹を決めた。

現地でのボランティアの様子を写真という形で記録に残そう、とあらためて決意した。それも安田の役割である。

もちろん、安田だって、ペンキ塗りはできる。でも、塗魂ペインターズの面々の技術は、すごい。自分の最大の使命はいい写真を撮ることだ、といつも考えてきた。

実は、安田の妻は高齢出産で一人目を流産してしまっていた。その悲しみを夫婦で乗り越え、そして、娘が産まれた。

うれしくて、うれしくて。安田は、娘の写真を、コンパクトカメラで、パチパチ撮ってきた。でも、物足りない。そこで、一眼レフのカメラを買って、シャッターを押しまくり、写真の腕を磨いてきたのである。

ホノルル空港に着いたのは、朝。パラパラと小雨が降っていた。

暑い。でも、ハワイの風は、心地よかった。ホテルにチェックイン。三々五々、日本全国から、塗魂ペインターズの面々が集まってきた。

そして夜があけて、ボランティアの当日である。前日の天気予報は雨。空はいまにも泣き出しそうである。

ボランティアの場所である高校までは、バスで移動した。ふだんなら、バスの中は騒がしくなるのだけれど、あまり会話がない。みんな緊張しているのか。

朝八時ごろ、高校に到着。ボランティアの開始だ。雲の切れ目から、青い晴れ間が見えている。

壁、屋根と、本気の塗り作業がはじまる。ハワイは暑いし、時差の影響もあるのだろう、昼の休憩は、木陰で昼寝、のメンバーも。

午後二時ごろ、作業が終わった。虹がかかった。

これで終わり、ではなかった。

すぐに、ホノルル妙法寺に移動。ここの境内などでもボランティアをする。

作業を終えると、山村尚正住職が歌を披露してくれた。彼はテノール歌手でもある。

夜、メンバー全員でステーキを食べに行った。

翌日、メンバーが向かったのは、もちろん、あそこだ。

◇

朝七時前、ホテルをバスで出た一行が向かったのは、真珠湾のアリゾナ記念館である。

安田は献花をし、英語であいさつすることになっていた。

安田は、歴史の予習はしてきたつもりだった。ＮＨＫのドキュメンタリー番組『映像の世紀』などを見て。戦艦アリゾナが炎上するシーンも、何度も見た。

〈アメリカの人が、広島や長崎で献花をする。そのとき、遺族や被爆者は複雑な思いをしている〉

〈ぼくは、アリゾナ記念館で献花する。記念館に来ているアメリカの方たちは、同じような思いをするのかもしれない〉

安田は、気を引き締めた。

アリゾナ記念館が見えた。戦艦が見えた。七〇年前のことを想像した。

〈いきなり爆弾を落とされて、多くの人が亡くなった。とんでもないことだ〉

バスを降りる。記念館の中へ。亡くなった乗組員たちの名前が掲げられている真ん中に、献花した。

そして、安田は英語であいさつをした。アメリカの女性が拍手をしてくれた。

時間がなくて、一分くらいのあいさつになった。でも、それでは、安田の心の底からの思いは伝わらない。そのため、用意していた全文を、ここに記す。

◇

あれは、一九四一年の一二月七日……。日本の軍国主義が、虹の楽園であるここ真珠湾を襲いました。犠牲になったのは、罪のない、二四〇〇人にものぼる尊き人たち……。どんな言葉をもってしても、戦争を正当化する事はできません。過去に目を閉ざす者は、現在にも、盲目となります。

ゆえに、まずは一人の日本人として、過去の軍国主義の過ちを、厳粛に受け止め、ここに眠る、罪のない皆様のご冥福を、心よりお祈り申し上げます。過去の過ちから目を背けるのではなく、真正面から見据えていき、心に刻み込む……。それが、同じ過ちを繰り返さないことに通じていくと信じます。そして今ここに、眠っている皆様のみならず、戦争で犠牲になった、全ての皆様の、供養にもなると信じています。

ご冥福をお祈りすると同時に、本日、私たちはここハワイより、人類平和の、旭日を輝かす、決意をしてまいります。

私たちは、日本のペインターです。普段は、ビルや家のペンキ塗りの仕事をしています。

過去を知り、現在を見つめ、未来に、思いを馳せるとき、一人の人間として、私たちは、建物やビルだけではなく、もっともっと大切なものを、塗り替えたいと思っていました。それは……人々の心です。ゆえに私たちは、このチームを結成したのです。

このチームの名は、魂を塗ると書いて、トーコンと発音し、ペインターズの名に冠して塗魂ペインターズと申します。

私たちには、夢があります。それは、戦争のある時代から、平和な時代へと、歴史を塗り替えたいという夢です。

ことし、日本では、戦後七〇年の節目を迎えました。しかし悲しいかな、世界ではこの七〇年間、紛争がやんだことは一度もありません。たったの一度もです。民族対立、紛争、テロ、ヘイトスピーチ、児童虐待……。これは物質的に恵まれている、先進国でも、例外ではありません。七〇年前の悲劇は、決して過去のものではなく、今なお、世界のさまざまな場所で起こっております。

いったい、何故これらの諸問題はなくならないのか？　いつまで、このような戦争の流転が続くのか？

私たちは、もっと根本的な理由があると考えます。それは、心の中にある「差異」へのこだわり、と考えております。肌の色の違い、民族の違い、国家の違い、宗教の違い、習慣の違い、文化の違い、そして価値観の違い……。この差異へのこだわりが、相手に対する理解を妨げ、ときには、恐怖や嫉妬を生み、ついには憎悪となり、戦争を生むのではないでしょうか。

ではいったい、この戦争が絶えない時代から、恒久平和の時代へと、歴史を塗り替えるためにはどうしたらよいのか?

もちろん経済も大切、政治も大切、国際機関の強化も大切、ではあります。しかし一番大切なのは、友情の輪を広げ、差別の心を転じてゆくこと。多様性を重んじ、人を重んじる「心の塗り替え」だと考えます。実はそれこそが、遠回りのように見えて、最も近道だと信じます。

見た目の違いは、差別の対象ではなく、かけがえのない「個性」なのだと信じます。ゆえに私たちは、自分たちに、何ができるかを考えて、自分たちのできる技術を駆使して自分たちの住む地域から、自分らしく、友情の輪を広げてまいりました。一人ひとりの心の中に、平和の砦を築きたいとの祈りをこめて……。

そして今日、戦後七〇年の節目に、日本にとどまることなく、かつては戦争を仕かけた、ここハワイから、世界平和を築く、わずかな行動を決意したのです。

ある人は言う、たかがペンキ屋にいったい何ができるのかと。

しかし、いつの時代も名もなき庶民が歴史を作ってきたことを、私たちは知っています。自らの可能性を否定しない、強い意志をもち、活動的で献身的な庶民が、文化の総体を変革しゆく事も知っています。そして大切なのは、人数の多さではなく、連帯の「絆の深さ」であることも知っています。

私たちは、政治家や博士、金持ちや貧乏人、男や女である前に誰もが一人の「人間」だということ。日本人やアメリカ人、キリスト教徒やイスラム教徒である前に、誰もが一人の人間だということを知っている。そして、全世界の人々が、誰一人の例外もなく、私たちと、全く同じように、家族を愛し、友を愛し、美しい自然を愛する、一人の「人間」ということを知っております。

ゆえに、今日、私たちは、あらゆる差異を、かけがえのない個性と捉え、世界市民なんだと自覚し、魂を塗る職業を生業とするペンキ屋として、今ここにいる人たちと、この地に眠る人々に誓いたいのです。

多様な文化、異なる価値観を、互いに認め合いながら、共生共存を模索してきた、ここ美しいハワイから、世界の人たちの、心を彩る、平和への運動を開始させていただきます。今日は、私たち日本のボランティア団体を受け入れてくださり、本当にありがとうございました。

◇

次の日は自由時間。安田は、メンバーといっしょに土産を買い、ビールを飲んだ。大役を果たした開放感からか、ばつぐんにうまい。

帰国の機上では、映画を見まくる。いちおう役割は果たせたと、感慨にひたる。

そして、安田は、思いを新たにした。

〈戦後七〇年。二一世紀は戦争の世紀から平和の世紀になってほしい。ペンキ屋は、ひとりひとりは小さい存在かもしれない。社会のありんこかもしれない。集まっても集まっても、まだまだ小さい存在だろう〉

〈でも、あきらめちゃ、ダメだ。あきらめたら、終わりなんだ。夢はでっかく、世界平和のために進みましょう〉

なあ、きょうだいたち！
もうすぐ日本だ。
小学五年生の娘が待ってくれている。安田は、飛行機の窓から、心の中でよびかけた。
おーい、お父さん、もうすぐ帰るぞー。お土産、待ってろよー。

エピローグ

わたしが塗魂ペインターズの面々にはじめて会ったのは、二〇一五年一月のことでした。ペンキ塗りのボランティアをする人たちがいて、東京駅近くにある雑居ビルの一室で、全国から五〇人ほどが集まっているというのです。会議をしているのだとか。

ペンキ屋さんってどんな人たちなのだろうという興味、が半分。会議っていうけれど何を話しあうのか知りたい、が半分。

びっくりしました。みんな、スーツ姿にネクタイを決めていたものですから。ペンキ屋さんというイメージとはちがったものですから。

わたしの認識がまちがっていました。みなさん、社長さんや個人事業主さんなんですもの、スーツだって着こなします。お恥ずかしい限りです。

会議では、真剣に話し合っていました。

ことしのボランティアは、ここに行く、そこに行く、あそこに行く、どこに行く、と。

会議では、熱く決意表明をしていました。

ことしはハワイに行く、ぜったいに行く、戦後七〇年のことし行かなければ意味がない、と。

夜の宴会にも参加させていただきました。みんな、さわやかで、純真で、愉快なんです。

あっという間に、仲間にしていただきました。

ただし、どんなボランティアをしているのか、この目で確かめなくてはなりません。

近々、福岡県の朝倉市でボランティアをするといいます。これは見に行かなくてはなりません。

日曜日でした。朝六時半に羽田空港をたつ便で福岡空港へ。電車と路線バスを乗り継ぎ、乗り継ぎ……。ボランティアをする小学校についたのは正午ごろでした。

そこは、数年後には廃校になると決まっている市立の小学校でした。校舎の廊下、トイレの壁などが汚れています。でも、廃校にするのですからペンキ塗りの予算がおりません。

子どもたちに罪はありますか？

そこで塗魂ペインターズ、参上！

子どもたちに気持ちよく勉強してもらおうぜ、と。

その日の午前中、メンバーたちは子どもたちと塗ったそうです。

そして、午後。メンバーたちは、ていねいにていねいに、塗っていきます。

わたしは、ちょこっとだけ塗らせてもらいました。掃除の手伝いもさせてもらいました。

午後四時をすぎ、メンバーたちは最後の仕上げをしていきます。

わたしは、ひどいヤツです。ボランティアなんだから少しは手を抜いてもいいんじゃないの、なんて思ってしまったんです。そう思わせるぐらい、仕上げにこだわるんです。

わたしは、いやなヤツです。すべての作業を仕事でしたらいくらかかりますか、なんて聞いてしまったんです。材料費や人件費など、いろいろあわせて一〇〇万円を超える、との答えです。びっくり！

作業をすべて終えると、時計の針は夕方五時をまわっていました。校長先生にあいさつをして、ささっと撤収。車で移動し、年季の入ったホルモン屋で打ち上げです。

わたしは、ほんの少し手伝わせてもらっただけです。でも、うれしいんです、気分爽快なんです、そして、ホルモンがめちゃくちゃおいしいんです。

財政破綻した北海道の夕張市、鬼怒川の決壊で大洪水にみまわれた茨城の常総市。わたしは、塗魂ペインターズがボランティアする姿を見に行きました。

そこには、真剣さとやさしさ、がありました。そこには、思いと笑い声を乗せた、あたたかい春風が吹いていました。

ひるがえって、経団連というところを頂点にした経済界、そして、政治家や政府の人たちが築き上げてしまった「日本の経済社会」を見てみましょう。

そこに、やさしい笑顔はありますか？　あたたかい春風は吹いていますか？

答えは、ノーです。

日本の経済社会には、冷たい北風が吹いています。童謡でいうところの「ぴぃぷう」という吹き方ではなく、びゅーびゅー、吹いています。

◇

北風の正体、そのひとつは、「経済合理性の追求」というヤツです。

売り上げをどうやって伸ばし、どうやって経費を減らすかを、ひたすら追い求めていくわけです。

経済界の上層にある大企業では、社員たちを競わせ、勝ち残った社員を大事にします。負けた社員は冷たい待遇を受け、下手すればリストラの対象になります。

そこに人間のぬくもりは、ありますか?

しかし、経済界は考え方を変えようとしません。そして、格差社会が築きあげられてしまいました。

そんなことおかまいなしに、政治家と官僚たちは、こんな号砲をうち上げました。

強い経済にして、GDP(国内総生産)をどーんと増やす。そのために、一億日本人よ、GDP増大に貢献しろ、と。

強い経済というのは、経済合理性の追求ということです。経済競争に勝て、勝て、勝て、ということです。弱い会社、つまり経営がきびしい会社はいりません、ということです。

北風びゅーびゅー、吹いてます。

空はあんなに青いのに、花はあんなに美しいのに、緑はあんなに鮮やかなのに。

あたたかい風が吹く社会に変えたいけれど。

夢も希望もないのでしょうか。

◇

いいえ、ありました。

そのひとつが、塗魂ペインターズです。

メンバーたちは、自分たちのことを「社会の最下層」と表現します。

下請け仕事のときは、無理なコストダウンを要求されることがあります。代金の未払いにもあっています。そんな理不尽さで踏みつぶされてきた「社会のありんこ」です。

でも、ありんこって強いんです。へこたれません。そして、雨ニモマケズ風ニモマケズ、ボランティアをしているのです。

お金のやりとりをしないボランティアは、GDPを増やすことにつながりません。経済活動ではないからです。

だったら、GDPなんてくたばってしまえ!

塗魂ペインターズの活動は、無償の愛によって成り立っています。でも、その無償の愛こそが、北風びゅーびゅーの世界を変えていく原動力になると思うのです。

社会のありんこだって、無償の愛をふりまけるのです。

だったら、あなたも、あなたも、わたしも、きっと、何かかできる！

その動きが集まって大きな力になれば、北風の社会を変えられるかもしれません。

◇

二〇一六年四月一四日夜。熊本を中心に大変な地震が起こってしまいました。多くの方が亡くなり、避難生活に追い込まれてしまいました。

その被災現場で、塗魂ペインターズは活躍しました。いつものペンキ塗りのボランティアではありません。

その日、熊本の遠山さん（第7章最後に登場）は、東京であった塗魂ペインターズの会議への出席のため、東京にいました。

会議はとどこおりなく終わり、懇親会に入ります。酒が入るにつれて大盛り上がり。二次会になだれこみます。遠山さんは、べろんべろんになっていました。

そんなとき、熊本で大地震が起きたらしい、と妻に耳打ちされます。その瞬間、携帯電話がひっきりなしにかかってきました。「大丈夫か？」という安否確認の電話です。遠山さんは、熊本で留守番をしている母と娘の安否を確認しようとしました。でも、つながりません。

遠山さん夫婦はホテルに戻り、電話をかけつづけます。なんとかつながって無事が確認されました。そして、お客のところにも電話をかけ、作業現場につくっている足場が崩れていないかなどの確認を続けました。

テレビでは、地獄絵図の映像が流れていました。

遠山さんは、こんなふうに当時のことを振り返ります。

「これまでも、日本のあちこちで大災害が起こってきました。でも、不謹慎ですが、他人事のように感じていました。愛しき熊本がこんな事態になるなんて想像したこともありませんでした」

遠山さんは翌日の東京での予定をキャンセルし、朝から羽田空港にはりつきます。熊本に戻ったのは深夜でした。遠山さんは母と娘を抱きしめます。

「よくがんばったな。もう大丈夫だ！」

散乱した部屋を片づけ、リビングに布団を敷いて川の字になって寝ました。そこに、さらに大きな地震。遠山さんができること、それは、妻と娘におおいかぶさって守ることしかありませんでした。

家の中は危ない。みんなで公園に避難しました。

たえまなく大地が揺れます。余震です。

夜があけていくにつれて、自分のまわりの被害がわかってきました。

建物はくずれおちていました。道路には塀が倒れています。バチバチと電線は火花。瓦は散乱しています。自分の家の前に立ち尽くす人、人、人。

断水と停電です。

遠山さんは、こわれた近所の家の屋根にあがってブルーシートをかけはじめました。余震の恐怖とたたかいながらの作業です。

「うちもお願い」「うちも」「うちも」。

一日でかけられるのは、せいぜい四件です。遠山さん、はがゆいやら、悔しいやら。車中泊をしながら、ブルーシートをかける日々を続けました。知人がもってきてくれた大量の水を、みなさんに配っていました。

そんなとき、塗魂ペインターズの九州のメンバーから、遠山さんに電話が入りました。

「にいさん、福岡でのボランティア、無事に終わったよ。いまから熊本に行くね」

メンバーたちは、ありったけの支援物資をもって熊本にかけつけました。遠山さん、涙ぼろぼろです。

ブルーシートをかけ、支援物資をくばる。そんな活動を続けていると、前橋の宮嶋さん（第4章登場）たち九州以外のメンバーから、遠山さんに連絡がありました。

「にいさん、いま必要なものはなんですか？」

遠山さんは答えました。

「ぜんぜん大丈夫です。きょうだいたちから物資もいただきました。必要なものはありません、ふつうの生活をおくっています」

せいいっぱいの強がりです。もちろん、それをメンバーたちはお見通しです。

「あした、熊本に入ります」

翌日の夜。

「にいさんの家にいまから行きます」

そして、ピンポーン。ドアを開けると、ペインターズの面々。

「なんで、なんで来たんですか……」

そう言いながら、遠山さんは、また涙ぼろぼろ。みんなと抱き合いました。

そして、支援物資を確実に、すみからすみまで届ける活動をはじめました。

四月二一日午後一時、山形の結城さん（第7章登場）たちのトラックが、熊本に到着しました。被災者のみなさんに炊き出しをしようと、結城さんたちは二〇時間かけてやってきたのです。

午後二時、炊き出しの準備がはじまります。一時間後、山形名物「芋煮」の完成です。五〇人分の鍋四つ、すなわち二〇〇食です。

芋煮がなくなるころ、山形のブランド米「つや姫」で雑炊をつくります。次にカレーうどん。

午後七時ごろまで、結城さんたちはノンストップでつくりつづけました。

そして、支援物資を被災者にくばる作業をしていた塗魂ペインターズのメンバーたちが、戻ってきました。メンバーたちは、食べるものも食べずに、自分たちより被災者だ、とがんばっています。そんなメンバーたちにも、結城さんたちは芋煮とカレーうどんをふるまいます。

そして、夜一〇時。結城さんたちは、山形への帰路に就きます。

翌二二日午後五時、山形に戻りました。

山形と熊本の往復に三九時間、熊本滞在時間九時間。

そんな過酷だけれど、炊き出しが終わったら疾風のように去るかっこよさ。

結城さんは、こう振り返ります。

「喜ばれる幸せがあります。それは、ボランティアも仕事も同じだ、と思います。人を幸せにして自分も幸せな気持ちになる、これって最高ですね」

塗魂ペインターズのメンバーたちは、仕事に戻らなくてはなりません。でも、別のメンバーたちが、入れ代わり立ち代わり、現地に入りました。

そして……。

被災地の復旧、復興の動きが加速したときこそ、塗魂ペインターズにとっての本番が来ることでしょう。色が失われた街に、ペンキで色を取り戻すでしょう。

◇

この本に何度も登場した池田さん。彼の妻である吉田恵子さん（一九七八年生まれ）は、大学で美術を学び、池田さんの会社でバイトをしました。それがきっかけで、ふたりは夫婦になりました。

恵子さんは言います。

「ボランティアすると池田が言いだしたとき、わたし、思ったんです。経営が大変なんだから、こっちの方がボランティアしてほしいぐらいだって」

塗魂ペインターズに入会を希望するペンキ屋たちは、事務局長だった池田さんの会社に電話をします。その電話にでていたのが恵子さんです。訪ねてきたペンキ屋たちが、女性事務員だと勘違いしたのが、恵子さんです。

恵子さんも、何カ所もボランティアに参加してきました。はじめは、違和感がありました。あにき、ねえさん、などと呼び合うことにです。

「でも、わたし、思うんです。もし、○○さんなどと呼び合っていたとします。ここまでの結束力は生まれなかったんじゃないかしら」

「どこにいる人でも一瞬で『身内』になれるって、すごくないですか？」

塗魂ペインターズが、毎年かならずボランティアに行くと宣言している場所、それは、北海道の夕張市でした。

東京都の職員から夕張市長に転身した鈴木直道市長（一九八一年生まれ）は言います。

「私は、市民の皆さんのために立ち上がりました。塗魂ペインターズのみなさんと、志に通ずるものがあります」

「夕張に毎年来ると言ってくださっています。でも、言うことは簡単ですが、実際に行うのは難しいもの。なのに、行動しているところがすごい」

塗魂ペインターズの活動は、続いています。

ハワイでのボランティアののちも、海外でのボランティアをしました。場所は、ベトナムです。日本人医師が、貧しい家庭の子どもたちでも診療します、という病院をつくりました。だったら、塗魂ペインターズがペンキ塗りをしようぜ、ということでした。

二〇一七年夏にリトアニアという欧州の国で、ボランティアをする計画もあります。

かつて、杉原千畝《すぎはらちうね》という外交官がいました。第二次世界大戦のとき、ナチスからの迫害を受けてきたユダヤのみなさんを逃がした人物で、「日本のシンドラー」と呼ばれています。

彼のことをたたえた記念館がリトアニアにあります。そこの壁がぼろぼろ、と聞いた塗魂ペインターズ。ボランティアに行く決意をしました。

ペンキを塗ってくださいという願いは、日本中にあります。世界中にあります。その願いがあるかぎり、塗魂ペインターズの活動は続きます。メンバーも増えています。

この本をお読みいただき、心からお礼を申し上げます。

みなさんの中には、塗魂ペインターズに来てもらいたいと思った方がいらっしゃるかもしれません。

そんなときは、「塗魂ペインターズ」をキーワードにネットで検索してみてください。ホームページがありますので、そこの「受付窓口」をクリックしてください。

不特定多数の方が利用し、メンバーの半数以上の賛同がえられること、などの条件が書いてあります。それを参考にしていただいたうえで、塗魂ペインターズの事務局、または、お近くのメンバーに相談してみてください。どこにメンバーがいるかも、ホームページに載っています。

いつか、きっと、あなたの街にも。

塗魂ペインターズ、参上！

We are TO-KON Painters.

2014年	北海道夕張市　夕張市役所
2015年	福岡市朝倉郡　夜須高原記念の森
	長崎県佐世保市　松尾警察犬訓練所
	岐阜県各務原市　鵜沼西保育所
	静岡県掛川市　桜ケ丘中学校
	熊本県八代市　八代養護学校
	岐阜県各務原市　各所掲示板
	東京都杉並区　オギクボトレジャーウォーク
	埼玉県さいたま市　大宮西小学校
	福岡県朝倉市　志波小学校
	神奈川県相模原市　ひまわり児童遊園
	兵庫県神戸市　県立神戸特別支援学校
	三重県四日市市　あすなろ鉄道
	山形県上山市　月岡公園
	静岡県島田市内
	群馬県伊勢崎市　市立第三中学校
	千葉県柏市　酒井根小学校
	北海道夕張市　保険福祉センター
	熊本県山鹿市　鹿本中学校
	三重県四日市市　あすなろ鉄道日永駅
	神奈川県横浜市　横浜市ケ尾中学校
	福岡県福岡市　夜須高原記念の森
	ハワイ　キャンベル高校
	ハワイホノルル　妙法寺
	大阪府寝屋川市　池田小学校基調講演
2016年	茨木県常総市　御城幼稚園、玉幼稚園
	愛知県名古屋市　道徳公園
	北海道室蘭市　水元小学校
	東京都豊島区　西巣鴨小学校
	大阪府豊中市　北丘
	静岡県富士宮市　杉田幼稚園
	ベトナムホーチミン　ホアンカム病院
	ベトナムホーチミン　レストランHIRO
	新潟県新潟市　東中野山、南中野山小学校
	福岡県豊前市　道の駅
	福岡ファミリーシバタハウスプロジェクト
	東京都目黒区　目黒若葉寮
	宮城県女川町　女川小中学校
	神奈川県横浜市　西本郷小学校

塗魂ペインターズ　活動年表〈2016年8月現在〉

2010年	神奈川県伊勢原市　山王幼稚園
2011年	神奈川県横須賀市　大津幼稚園
	東京都品川区　品川区役所
2012年	東京都西東京市　保谷第一小学校
	静岡県浜松市　東浜松青色会館
	埼玉県上尾市　上尾特別支援学校
	愛知県名古屋市　市立第三幼稚園
	宮城県女川町　女川町仮設店舗
2013年	熊本県合志市　市立合志中学交
	大阪府豊中市　アンデルセンてしま幼稚園
	千葉県千葉市　はまの幼稚園
	愛知県名古屋市　享栄幼稚園
	三重県伊勢市　明野幼稚園
	山形県上山市　阿弥陀地公民館
	島根県雲南市　雲南ひまわり福祉会
	千葉県成田市　つぶのえ保育園
	福井県坂井市　春江幼稚園
	愛知県岡崎市　岡崎聾学校
	高知県高知市　芸術学園幼稚園
2014年	兵庫県小野市　小野東幼稚園
	東京都品川区　品川区商店街プロジェクト
	東京都立川市　市立南砂小学校
	福岡県北九州市　桑の実工房
	静岡県浜松市　伊佐美幼稚園
	東京都板橋区　小豆沢体育館
	熊本県山鹿市　ライオンズクラブ　山鹿大橋落書き消し
	山形県上山市　みなみ保育園
	群馬県前橋市　中央児童遊園地るなぱあく
	大阪府寝屋川市　市立池田小学校
	愛媛県西条市　県立丹原高等学校
	東京都板橋区　学校教育と色彩セミナー
	鹿児島県鹿児島市　敬愛幼稚園
	静岡県磐田市　竜洋東小学校
	長崎県佐世保市　早岐くりのみ幼稚園
	広島県広島市　市立牛田小学校

[著者]

中島　隆（なかじま・たかし）

1963年生まれ。朝日新聞の編集委員で、中小企業の応援団長を自称している。著書に『魂の中小企業』（朝日新聞出版、2009年）、『女性社員にまかせたら、ヒット商品できちゃった——ベビーフット、ミリオンセラーの秘密』（あさ出版、2014年）。

塗魂

2016年8月10日　初版第一刷印刷
2016年8月25日　初版第一刷発行

著　者　中島　隆

発行者　森下紀夫

発行所　論　創　社
東京都千代田区神田神保町2−23
北井ビル
tel. 03−3264−5254
fax. 03−3264−5232
web. http://www.ronso.co.jp/
振替　00160−1−155266
組版　永井佳乃
装幀　奥定泰之
印刷・製本　中央精版印刷

ISBN978-4-8460-1560-2